Ewald Hanstein

Meine hundert Leben

Erinnerungen eines deutschen Sinto

Aufgezeichnet von Ralf Lorenzen

Mit einem Geleitwort
von Henning Scherf

Donat Verlag

Bibliografische Information der Deutschen Bibliothek

Die Deutsche Bibliothek verzeichnet diese Publikation in der Deutschen Nationalbibliografie; detaillierte bibliografische Daten sind im Internet über http://dnb.ddb.de abrufbar.
ISBN 3-934836-94-1

Gedruckt mit freundlicher Unterstützung des Senators für Arbeit, Frauen, Gesundheit, Jugend und Soziales sowie des Senators für Bildung und Wissenschaft der Freien Hansestadt Bremen, der Waldemar Koch Stiftung, der Sparkasse in Bremen, der Bremischen Evangelischen Kirche und des Katholischen Gemeindeverbandes Bremen.

Borgfelder Heerstraße 29 · D-28357 Bremen
Tel.: (0421) 27 48 86 · Fax: (0421) 27 51 06
E-mail: donat-verlag@nexgo.de

Lektorat: Helmut Donat und
Hartwig Struckmeyer, Bremen
Umschlag und Layout:
hofAtelier Toni Horndasch, Bremen
Druck: Fuldaer Verlagsanstalt GmbH & Co. KG, Fulda

Inhalt

Geleitwort 7

Bilder aus der Ferne 9

Kindheit in Breslau
- Kronprinz von Oels 11
- Viel Besuch in der Klosterstraße 12
- Auf Reisen – Pferde und Pfifferlinge 16
- Bärenstraße – Trommeln statt Geigen 19
- Masselwitz – Anfang vom Ende 22

Jugend in Berlin
- Im Lager 26
- Im Untergrund 39

Auschwitz
- Transport 43
- Größter Friedhof der Welt 45
- Ankunft 46
- „Zigeunerfamilienlager" 49
- Zwischen Toten 55
- Liquidierung 59

Buchenwald und Mittelbau-Dora
- Zwischenstation 62
- „Vernichtung durch Arbeit" 64
- Im Stollen 66
- Dora, Ellrich, Harzungen 70
- Todesmarsch 74

In der DDR
- Eggersdorf – Neuanfang 78
- Schönebeck – „Genosse Volkspolizist" Hanstein 86
- Magdeburg – Wieder in Haft! 94
- Flucht in den Westen 121

Bremen 1954-1966
Ankunft im Auswandererlager 124
Riespott – Ein schreckliches Geheimnis 126
Warturmer Platz – An der Müllhalde 130
Borgward – Dach der Isabella 131
Rhythmusgruppe Hanstein – Zwischen Haus und Wagen 133
Wieder auf Reisen 137

Erneut im Harz
Eigene vier Wände 140
Rosita kommt 143

Zurück in Bremen
Unruhige Jahre 146
Zweite Verfolgung 149
Kampf um Bürgerrechte 150

Danksagung 159

Anmerkungen 160

Bildnachweis 161

Rede von Ewald Hanstein 162

Nachwort 166

Geleitwort

Anfang März 2003 erhielt ich eine Einladung zum 60. Jahrestag der Deportation der Bremer Sinti vom ehemaligen Schlachthof in Bremen nach Auschwitz-Birkenau. Seit 1995 erinnert eine Gedenktafel auf dem Gelände des heutigen Kulturzentrums Schlachthof an dieses mörderische Ereignis, das Teil des Genozids am Volk der Sinti und Roma in Europa gewesen ist. Bei dieser Gedenkfeier war ich dabei und erlebte, wie nach dem musikalischen „Erinnern“, nach Chorgesängen, Lesungen und Sinti-Swing, Ewald Berglein Hanstein die Bühne betrat, aus seinem Leben erzählte und dann auf der Bühne steppte und die alten Lieder der Sinti sang, so frisch und kraftvoll, daß es alle bewegte. Wir bewunderten und bestaunten das Können, die Unverwüstlichkeit und die Lebensfreude des fast Achtzigjährigen.

Im Zentrum der Autobiographie „Meine hundert Leben“ stehen die Erlebnisse von Ewald Hanstein in den Konzentrationslagern Auschwitz, Buchenwald und Mittelbau-Dora sowie auf dem Todesmarsch. Oft hat er dem Tod ins Auge gesehen, bevor ihn, wie er überzeugt ist, in letzter Sekunde sein Schutzengel ins Leben zurückholte – anders als seine Geschwister, Eltern und Großeltern, die alle ermordet wurden.

Auch Ewald Hanstein mußte wie viele andere Sinti und Roma erleben, dass die Demütigungen und Erniedrigungen nach 1945 nicht zu Ende waren. Anfang der 1950er Jahre, er hatte sich gerade wieder eine neue Existenz aufgebaut, geriet er in der ehemaligen DDR erneut unschuldig in Haft. Und in der Folgezeit mußte er erleben, wie unwürdig die Sinti und Roma auch in der Bundesrepublik behandelt wurden. Die sogenannte Entschädigungspolitik und der Umgang mit Sinti und Roma ließ diese von einer „zweiten Verfolgung“ sprechen. Viel zu lange brauchten Justiz und Politik der Bundesrepublik, um den Völkermord an den Sinti und Roma anzuerkennen und die Voraussetzungen für Respekt und Menschenwürde diesem Volk gegenüber zu schaffen. Dabei hat auch die Hansestadt Bremen, in der Ewald Hanstein das erste Mal 1954 landete, keine Ausnahme gemacht.

„Meine hundert Leben“ trifft als Buchtitel nicht nur auf die Leidensgeschichte Ewald Hansteins, sondern auch die Vielschichtigkeit dieses ungewöhnlichen Lebens: von den privaten Schicksalsschlägen über ein extrem vielseitiges Arbeitsleben: als Schlosser, Musiker, Textil- und Gebrauchtwagenhändler, Gastwirt, Polizist, Ladenbesitzer, Scherenschleifer, Tanz- und Musiklehrer, Politiker. Und jetzt auch als Autor. Viele dieser Tätigkeiten hat er von 1954 bis 1966, und seit 1976 in Bremen ausgeübt und dabei auch zur Industrie- und Kulturgeschichte unserer Stadt beigetragen. So hat Ewald Hanstein als Borgward-Arbeiter ein Konstruktionsdetail der legendären Isabella erfunden. Einige ältere Mitbürgerinnen und Mitbürger werden sich auch noch an die Rhythmusgruppe Hanstein erinnern, die nicht nur Borgward-Betriebsfeste sondern auch Radio Bremen-Hafenkonzerte mit Zigeuner-Swing und Schlagern bereicherte.

Seit 1979 ist Ewald Hanstein als Vorstandsmitglied und langjähriger Vorsitzender des Bremer Sinti-Vereines sowie des Landesverbandes der deutschen Sinti und Roma maßgeblich daran beteiligt, die Situation seiner Minderheit in Bremen und der Bundesrepublik zu verbessern. In dieser Zeit habe ich ihn als Sozialsenator und Bürgermeister oft getroffen und seine konstruktive, aber auch beharrliche Verhandlungs- und Diskussionsweise schätzen gelernt. In seinen Erinnerungen schreibt Ewald Hanstein, daß er den Rachegedanken, der ihm im Konzentrationslager den Überlebenswillen gab, nicht in die Tat umgesetzt habe, dafür aber immer für die Interessen der Sinti und Roma eintreten werde. Ich hoffe sehr, daß seine Gesundheit ihm noch lange erlaubt, diese Aufgabe wahrzunehmen.

Ich wünsche diesem eindrucksvollen Lebensbericht eine große Leserschaft, gerade unter den jungen Menschen in Schulen und anderen Bildungsstätten, auf die Ewald Hanstein so viel Hoffnung setzt. Wann immer er kann, wird er auch an alle Orte kommen, wo man ihn einlädt, und aus seinem Leben erzählen. Es lohnt sich, ihn kennenzulernen.

Dr. Henning Scherf
Bürgermeister von Bremen

Bilder aus der Ferne

Im Juni 1954 geht Adelheid Ernst wieder einmal mit ihren Kurzwaren in das Auswandererlager in Bremen-Lesum. Sie besitzt ein Wandergewerbe, wie es bei den Sinti seit langem Tradition ist. Die Auswanderer, die auf ihr Schiff nach Kanada und Australien warten, und die „Ostzonenflüchtlinge", die man seit kurzem auch aufnimmt, brauchen immer etwas Garn, Gummiband oder Spitze. An einer Baracke stößt sie auf den Namen Hanstein. Sie ist verblüfft und fragt die unbekannte Frau an der Wohnungstür: „Heißt Ihr Mann vielleicht Ewald Hanstein?"

Sie wartete auf mich. Als ich abends von der Arbeit kam, weinten wir erst mal wie zwei kleine Kinder. Seit der Lagerzeit hatten meine Cousine und ich uns nicht mehr gesehen. Sie glaubte, ich sei verstorben, und ich dachte, sie wäre nicht mehr am Leben. Früher war sie wie eine Schwester für mich.

Manchmal liege ich abends im Bett und sehe ihre Gesichter deutlich vor mir: das meiner Mutter Maria, meines Vaters Peter, der Schwestern Gertrud, Elisabeth, Lydia und Ramona, meines Bruders Gregor, das von Großmutter und all den anderen. Niemand von ihnen hat Auschwitz überlebt, selbst die Fotos haben mir die Nazis genommen – und doch erinnere ich mich genau an sie. Ich wundere mich, daß ich noch lebe. Warum gerade ich?

Viele von uns wollen oder können sich nicht erinnern, es wäre zu schmerzvoll für sie. Ich kann sie verstehen. Aber ich will berichten, wie es war.

Der Schrecken verschwand nach 1945 ebenso wenig aus unserem Leben wie die Nazis aus den deutschen Amtsstuben. Im Westen wie im Osten wurden wir weiter als Menschen zweiter Klasse behandelt und mußten uns die Bürgerrechte mühsam erkämpfen. Die Verantwortlichen der Bundesrepublik Deutschland brauchten lange, bis sie die simple Wahrheit anerkannten, daß wir Sinti und Roma in der Nazizeit aus rassischen Gründen verfolgt worden sind. Bis dahin galt die Ermordung unserer Familien als kriminalpräventive Maßnahme.

Was eine „minderwertige Rasse" sein soll, habe ich erst nach meiner Befreiung erfahren. Gleiches gilt für die Nürnberger

Gesetze, den „Himmler-Erlaß“ und die meisten anderen politischen Maßnahmen, die zur fast vollständigen Auslöschung meiner Familie führten. Aber heute kenne ich sie, und da ich ein politisch denkender Mensch bin, sind sie untrennbar mit meinen Erinnerungen verbunden. Deshalb lasse ich an vielen Stellen meiner Erzählung die historischen Hintergründe einfließen, die ich damals noch nicht kennen konnte.

Unser Selbstbewußtsein verbietet es mir, uns als „Zigeuner“ beschimpfen zu lassen. Das ist keine Selbstverständlichkeit für Menschen, die sich viel zu lange viel zu viel haben gefallen lassen. Viele Gadsche – so nennen wir die Nicht-Sinti – sind unsicher, wie sie uns nennen sollen. Lehnen wir die Bezeichnung „Zigeuner“ auch dann ab, wenn sie uns freundlich gesonnen sind? Nun, jeder sollte berücksichtigen, daß uns der Begriff „Zigeuner“ fast immer als Schimpfwort begegnet ist. Und so verwende ich ihn nur in Anführungszeichen. Ansonsten spreche ich von Sinti bzw. von Sinti und Roma. Die Begriffe stammen aus unserer Sprache Romanes, die eng mit dem altindischen Sanskrit verwandt ist. Indien gilt als das gemeinsame Herkunftsland unserer Minderheit, die seit dem späten Mittelalter in ganz Europa ansässig ist. Die Sinti haben sich in Mitteleuropa, die Roma in Südosteuropa angesiedelt.

Mein Leben nach dem Krieg bestand aber nicht nur aus dem Kampf für Entschädigung und Gleichberechtigung. Ich war Schlosser, Musiker, Autohändler, Handelsvertreter, Gastwirt und Ladenbesitzer, und ich bin Vater, Großvater und Ehemann; auch über diesen Teil meines Lebens will ich berichten.

Vor ein paar Jahren hat mich Adelheid allein gelassen. Geblieben ist mir aus meiner Familie nur noch ihre Schwester, meine Cousine Elisabeth. Sie lebt in Eberstadt bei Darmstadt. Als sie kürzlich anrief, erzählte ich ihr, daß ich an meiner Biographie schreibe. Wir frischten sofort unsere Erinnerungen auf, und sie sagte: „Erzähl' doch, wie wir als Kinder in der Oder gebadet und von den Schiffern immer ein paar Bonbons erhalten haben.“ Das will ich tun, denn zu meinem Leben gehören nicht nur die grauenhaften Nazijahre und deren bis heute reichenden Folgen. Obwohl wir Sinti immer mit Vorurteilen und Diskriminierungen leben mußten, hatte ich – bis die Nazis kamen – eine schöne Kindheit.

Kindheit in Breslau

Der Kronprinz von Oels

Von uns Sinti denkt man, wir ziehen in der Welt herum, leben in Wohnwagen und sind immer auf Reisen. Dabei habe ich fast mein ganzes Leben lang in festen Wohnungen verbracht, es sei denn, ich wurde gerade mal wieder in ein Lager gesteckt. Geboren bin ich aber tatsächlich auf einer Reise. Vor der NS-Zeit ist meine Familie in den Sommermonaten mit Pferd und Wagen durch Schlesien gezogen.

Im Frühjahr 1924 hielt sich die kleine Wagenkolonne in der Kreis- und Garnisonsstadt Oels auf, gar nicht weit von Breslau, dem festen Wohnsitz meiner Familie. In Oels hatte sich kurz vorher der aus dem niederländischen Exil zurückgekehrte Kronprinz Wilhelm von Preußen, der älteste Sohn Kaiser Wilhelms II., niedergelassen. Ich weiß nicht, ob meine Mutter wußte, welchen geschichtsträchtigen Ort sie sich ausgesucht hatte, jedenfalls brachte sie mich „Kronprinzen“ am 8. April im Krankenhaus zu Oels zur Welt. Ich war das zweite Kind nach meiner Schwester Gertrud. Von der Klinik aus sind wir wieder nach Breslau gefahren, wo ich bis 1936 meine Kindheit verbrachte. Breslau war damals mit 500 000 Einwohnern eine der größten Städte im Deutschen Reich.

„Den will ich haben! Ich nehme den Jungen zu mir“, sagte meine Großmutter. Und so geschah es. Meine Mutter war damals noch ein junges Ding von siebzehn Jahren, und die beiden Söhne meiner Oma, Rudolf und Siegfried, waren längst verheiratet. Das ist bei uns Sinti so: Wenn mich heute meine Enkelkinder besuchen, freue ich mich. Und wenn sie ganz bleiben würden, wäre die Freude noch größer. Aber die Mutter ist keine Sintezza, und so hole ich die Kinder einmal in der Woche zu mir.

Gertrud ist bei meinen Eltern im Ortsteil Pöpelwitz geblieben, wo sie hinter einer Gaststätte einen festen Platz für ihren Wohnwagen hatten. Ich war oft bei meiner Mutter, aber aufgewachsen bin ich in den ersten Jahren in der großen Wohnung meiner Großeltern im Stadtzentrum. Zu Großmutter sagte ich nicht nur „Mama“ – ich habe sogar an ihrer Brust gelegen, denn kurz nach meiner Geburt bekam sie selbst noch was Kleines: meine Cousine Elisabeth. Ihr Vater und mein Vater waren Brüder, und meine Mutter und sie waren Halbgeschwister. So eng liegt das in unseren Familien zusammen.

Mein Großvater väterlicherseits hieß ursprünglich Christian August Dewüs und lebte in Elsaß-Lothringen. Aus irgendeinem Grund, den ich nicht kenne, mußte er untertauchen. Eines Tages ritt er in den Wald und ward nicht mehr gesehen. Vorher hatte er sich aber noch einen neuen Namen besorgt. Früher war das so: „Hier, willst du meine Papiere? Mein Bruder ist verstorben, kannst auf seinen Namen gehen." In der Illegalität, wenn jemand zum Beispiel nicht zum Militär wollte, war das keine Seltenheit. So kam mein Großvater an den Namen Hanstein, und so wurde mein Vater 1898 unter dem Namen Peter Hanstein geboren, kurz vor seinem Zwillingsbruder Paul. Der ältere Bruder Karl führte aber noch den Namen Dewüs. Peter und Karl machten später im Rheinland Bekanntschaft mit der Familie Schmidt. Anton Schmidt, der erste Mann meiner Großmutter, lebte nicht mehr; er war im Ersten Weltkrieg als Offizier gefallen. Karl hat dann meine Großmutter Rosina geheiratet, während sein Bruder Peter sich in die Tochter verliebte, meine Mutter. Mein Großvater war also gleichzeitig mein Onkel Karl und seine Töchter Erna, Uschi, Adelheid und Elisabeth meine Cousinen. Und so lag ich mit meiner Cousine, die auch zu meinen Tanten gehörte, gemeinsam an der Brust meiner Oma.

Viel Besuch in der Klosterstraße

Im großen Haus in der Klosterstraße 94 fühlte ich mich als einziger Junge unter lauter Mädchen wie ein Prinz. Meine Oma konnte gut sein oder streng – mich hat sie immer vorgezogen. Bei den Sinti zählte der Junge mehr als die Mädchen. Das fanden meine Cousinen gar nicht gut. „Der Ewald kriegt immer alles", riefen sie. Weihnachten schmückte Onkel Karl den Baum mit vielen Köstlichkeiten. Meistens konnte ich es nicht abwarten und bediente mich schon vor der Bescherung. Ich dachte mir nichts dabei, schließlich reichte der Baum doch fast bis zur Decke, es war genug für alle da. Die Mädchen zeigten dafür wenig Verständnis und petzten: „Guck mal Papa, der Ewald hat was runtergenommen – und wir dürfen das nicht." Doch

Oma schritt ein, wie immer, wenn ich angegriffen wurde: „Laßt mal meinen Jungen zufrieden, der darf das." Auch bei Tisch sorgte sie dafür, daß ich nicht zu kurz kam. Von früh an aß ich für mein Leben gern Brot jeder Art, besonders gern aber das dicke Stück an Anfang und Ende. „Gebt unserem Brotesser mal seinen Knust", entschied Großmutter, und die anderen fügten sich.

Wer nun denkt, jeder Sinto ist ein verwöhnter Pascha, der sich nur bedienen läßt, hat meinen Onkel Karl nicht gekannt. Wenn seine Frau, also meine Oma, von ihrem Wandergewerbe nach Hause zurückkehrte, war schon alles fertig, das Mittagessen gekocht und die Wohnung geputzt. Sogar die Tagesdecken für das Doppelbett hat mein Onkel gehäkelt, so häuslich war er.

Oft bin ich mit Gertrud und meinen Cousinen von der Klosterstraße an einen nahen Seitenarm der Oder gegangen, die Ohle, wo man die Oder-Kähne löschte. Die Ladung – Getreide, Kohlen, Kartoffeln oder Obst – wurde auf LKWs geschaufelt und über einen Feldweg abtransportiert. Die Schiffer kannten uns schon. „Komm mal her, Schwarzer", riefen sie und schenkten mir ein paar Bonbons, einen Apfel oder etwas Brot. Oft sind wir hier herumgestreift, frei von Sorgen und ohne Zeit im Kopf. Manchmal kam auch mein Onkel Siegfried zum Baden her, schließlich war das Wasser damals noch klar und sauber. Er wollte unbedingt, daß ich schwimmen lernte. Als ich mich sträubte, ins Wasser zu gehen, warf er mich einfach vom Steg runter. Seitdem habe ich eine panische Angst vor Wasser.

In der Klosterstraße war immer etwas los. Es gab ein grosses, von einer gläsernen Doppeltür unterteiltes Wohnzimmer und sogar einen kleinen Garten mit einem Rasen, einer Bank und vielen schönen Blumen. Wir hatten das Gefühl, in einer Villa zu wohnen. Die Familien Dewüs und Hanstein gingen ein und aus, und manchmal bezog auch die entferntere Verwandtschaft in der Nähe Quartier. Etwas weiter weg befand sich ein großer Parkplatz, wo sie mit den Wohnwagen stehen konnten, ohne daß sich jemand beschwerte.

Besonders aufregend war es, wenn der Bruder meiner Oma mit seinen Leuten auftauchte. Die Schmidts führten ein Wander-Theater, mit dem sie von Stadt zu Stadt zogen. Sie waren so gutgestellt, daß sie schon damals Autos und Zugwagen besaßen und uns finanziell unter die Arme greifen konnten. Wenn sie nach einem Monat wieder fuhren, liefen wir Kinder den Wagen hinterher und riefen aus Spaß: „Zigeuner, Zigeuner."

Die Schmidts traten mit ihrer Theatergruppe sogar in der berühmten Jahrhunderthalle auf, über die sich damals die größte Eisenbeton-Kuppel der Welt wölbte und die 10 000 Besucher faßte. Für uns bedeutete die Halle aber noch mehr. Mein Onkel Rudi Schmidt, der älteste Sohn meiner Großmutter, war ein stadtbekannter Boxer im Halbmittelgewicht, der später sogar schlesischer Meister wurde. Wenn er in der Jahrhunderthalle boxte, saßen alle Männer der Familie am Ring, auch der kleine Ewald. Das waren Festtage! Die Leute johlten und schrieen, jubelten und pfiffen. Ich genoß die Atmosphäre, auch wenn mir das Kampfgeschehen rätselhaft blieb – sofern ich überhaupt etwas sehen konnte. Wenn die Erwachsenen neben mir hochfuhren, hatte ich genug damit zu tun aufzupassen, daß ich kein Knie oder Ellenbogen ins Gesicht bekam.

Die größten Kämpfe von Rudi Schmidt waren die gegen Walter Neusel, den „blonden Tiger aus Wanne-Eickel", der später, 1934, sogar gegen Max Schmeling um die Deutsche Schwergewichtsmeisterschaft boxte. Walter Neusel förderte meinen Onkel sehr früh und trainierte oft mit ihm. Ihm dürfte es gar nicht gefallen haben, daß Onkel Rudi sein Können nicht nur im Boxverein demonstrierte, sondern auch in einer Schaubude auf dem Jahrmarkt zum Besten gab. Dafür wurde er von seinem Verein gesperrt.

Das Boxen hat bei den Sinti und auch in unserer Familie eine große Tradition. Ein Cousin meines Vaters, Johann Wilhelm Trollmann, war sogar einer der größten Boxer der Weimarer Republik. Ich habe nie einen Kampf von Rukelie, so sein Spitzname, gesehen, aber alle schwärmten von seinem eleganten Stil. „Faustfechten" nannten das die Sportjournalisten. Mit seiner schwarzen Lockenmähne und den schönen braunen Augen war er ein Frauenschwarm. Ein Sinto in Heldengestalt – das konnte nach der Machtübernahme der Nationalsozialisten nicht gut gehen. Rukelie gewann zwar im Juni 1933 die deutsche Profimeisterschaft im Halbschwergewicht. Die Nazis duldeten aber keinen „Zigeuner" als Deutschen Meister und erkannten ihm den Titel acht Tage später wieder ab – wegen „undeutschen Boxens". Später mußte Rukelie an die Ostfront und wurde wie viele Sinti sterilisiert. 1942 landete er im Konzentrationslager Neuengamme bei Hamburg, wo man ihn ermordete. Wie meinen Vater. Erst Ende 2003 rehabilitierte ihn der Bund Deutscher Berufsboxer (BDB) und erklärte Johann Wilhelm Trollmann zum Meister im Halbschwergewicht des Jahres 1933. Bis dahin war sein Name aus allen offiziellen Siegerlisten und Chroniken gestrichen.

Mein Onkel Rudi wollte, daß auch ich mit dem Boxen anfange. „Kommt mal mit nach oben“, sagte er zu meiner Schwester Gertrud und mir. Auf dem Dachboden hing der Sandsack, mit dem er trainierte und auf den nun auch wir eindreschen mußten. Irgendwann fand er das nicht mehr ausreichend und ließ uns gegeneinander antreten. Gertrud, viel größer und stärker als ich schmächtiger Bursche, verpaßte mir eine blutige Nase. Ich heulte, und Rudi mußte sich eine saftige Predigt von Großmutter anhören. Ich entschied ein für allemal: „Schluß mit Boxen, ich werde Fußballer.“ Rudis jüngerer Bruder Siegfried war groß, schlank und Torwart bei Blau-Weiß Berlin. Auch zu seinen Spielen am Sonntagnachmittag traten die Breslauer Sinti geschlossen auf den Zuschauerplätzen an. Nach meinem schmerzlichen Ausflug in die Boxwelt begab ich mich trotz der schlechten Erfahrungen an der Ohle nur zu gern unter Onkel Siegfrieds Fittiche. Ab sofort trainierte ich mit den Füßen statt mit den Fäusten!

Rudi Schmidts späteres Leben verlief ganz anders als das der anderen Männer unserer Familie. Die Nazis registrierten ihn zunächst nicht als Sinto und zogen ihn in die Wehrmacht ein. Als Pferdekenner und guter Reiter ging er zur Kavallerie, wo er es bis zum Feldwebel brachte. Doch seine Frau, die keine Sintezza war und von ihm vier Kinder hatte, lernte einen anderen Mann kennen und denunzierte ihn als „Zigeuner.“ Er mußte auf dem Kasernenhof vortreten und wurde angeschrieen: „Feldwebel Schmidt, Sie sind ab sofort aus der Wehrmacht entlassen, sie können nach Hause gehen!“ Wieder zurück in Breslau, stellte man ihn vor die Wahl: KZ oder Sterilisation. Er entschied sich für das letztere und überlebte die NS-Zeit. Nach dem Krieg zog er wie ich nach Bremen und hat bis zuletzt die Bremerhavener Sinti-Jungs im Boxen trainiert. 1998 ist er im Alter von 81 Jahren gestorben.

Das Haus in der Klosterstraße habe ich im Oktober 2003 noch einmal besucht. Es war gar nicht so einfach, mich in Breslau wieder zurechtzufinden; die Straßen tragen längst polnische Namen. Glücklicherweise traf ich auf dem Hauptbahnhof jemanden, der noch die deutschen Bezeichnungen kannte und mir den Weg zeigen konnte. Im Vorderhaus ist heute ein Polizeirevier untergebracht. Das Hinterhaus, in dem wir gelebt haben, ist völlig zerfallen und unbewohnt. Nur mit viel Phantasie erkannte ich den alten Eingang wieder. Den Weg zur Ohle fand ich jedoch gleich. Dank des freundlichen Herrn vom Bahnhof weiß ich jetzt auch seinen Namen: Am Ohlauer Ufer.

Auf Reisen – Pferde und Pfifferlinge

Von der Klosterstraße ging es über die Hauptstraße in den Vorort Tschansch. Dort standen in einem Stall zwei kleine Pferde, die meinem Vater und Onkel Karl gehörten. Wenn die Männer nach Tschansch gingen, sagte Oma: „Nehmt meinen Jungen mit!“ So bin ich von klein auf mit Pferden aufgewachsen, habe beim Füttern geholfen, sie gestriegelt und auf die Weide gebracht.

Ich konnte es kaum abwarten, bis es im Frühjahr an den ersten warmen Tagen im Jahr hieß: „Anspannen“. Das Reisen hat eine lange Tradition bei den Sinti und wurde auch von meinem Vater beibehalten, wenn auch nur für eine begrenzte Zeit im Jahr. Es ging quer durch Schlesien, durch Dörfer, die Hainau, Bunzlau und Sagan hießen. Alle waren dabei, Oma und Opa, meine Eltern, Geschwister, Onkel und Tanten und Cousinen, insgesamt waren wir 5 bis 7 Kinder. Die Eltern schliefen in dem kleinen 4m-Wagen und wir darunter, denn mit seinen großen Holzrädern war der Wagen hoch genug. Außen herum wurde eine Plane befestigt und für ein gemütliches Innenleben sorgte das Stroh, das wir uns bei den Bauern der Umgebung organisierten. Abends schlichen wir uns davon und erkundeten die Gegend.

Als ich älter war, bin ich in den jeweiligen Orten zur Schule gegangen. Wir mußten ein kleines Büchlein mit uns führen, in das die Lehrer einen Stempel machten, als Beweis, daß wir unserer Schulpflicht nachkamen. Die Lehrer meinten, die „Zigeuner“ können in der Ecke sitzen, und auch die Kinder wollten nicht neben uns sitzen. So blieben wir Fremde und lernten nicht viel. Wenn wir mal was wußten und die Finger hoben, hieß es nur: „Ach!“

Meine Mutter ging, wie man füher sagte, „hausieren". Sie war nach all den Jahren des Herumziehens schon bekannt und beliebt. „Maria ist wieder da", hieß es auf den Höfen und in den Häusern, die wir aufsuchten, und viele Bäuerinnen und Hausfrauen kauften Knöpfe, Klöppeldecken und Kurzwaren bei ihr. Wenn andere Sinti kamen, hörten sie meist: „Tut mir leid, Maria war schon da." Die Tageseinnahmen meiner Mutter lagen um die zehn Mark – für uns viel Geld. Sie brachte Lebensmittel und Heu für die Pferde mit: sobald Papa sie vom Wagen aus erspähte, rief er: „Lauft mal hin und helft der Mutti!" Da mußten wir als Kinder manchmal schwer tragen.

Schlesien mit seinen vielen Wäldern war berühmt für Pilze. In trockenen Wäldern sammelten wir Pfifferlinge und Steinpilze, auf feuchten Wiesen Champignons. Meine Mutter kannte sich hervorragend aus und zeigte uns auch die Giftpilze, vor denen wir uns hüten sollten. Die Champignons hat Mutter immer gleich gewaschen und zugeschnitten. Sie wurden vor Ort verzehrt, weil sie sich nicht so lange halten. Die Steinpilze und Pfifferlinge aber trockneten und lagerten wir. Zuhause kochte Mutter sie für den Winter in Gläser ein. Mutter war eine gute Köchin. „Pilz ist gesund", sagte sie immer. Was haben wir viele Pilze gegessen – in Soßen, mit Kartoffeln und zu den Feiertagen mit Gans, Klößen und Rotkraut, das man in Schlesien Blaukraut nannte. Samstags war Suppentag, und Mutter tat die Pfifferlinge zusammen mit den Möhren in die Kartoffelsuppe.

Bei einer besonderen Spezialität hatten Pilze allerdings nichts zu suchen, in Mutters wunderbarem Streuselkuchen. Dafür hat sie ihn jedes Mal mit einem schlesischen Gedicht garniert, wenn wir uns die knackig-süßen Streusel auf der Zunge zergehen ließen:

Schläscher Kucha, Sträselkucha,
Doas ihs Kucha, sapperlot,
Wie's uff Herrgoots weiter Arde
Nernt nich su woas Gudes hoot.
Wär woas noch su leckerfetzig,
Eim Geschmaack ooch noch su schien:
Über schläscha Sträselkucha
Tutt halt eemol nischt nich giehn!

Su a Kucha, weiß und lucker,
Doas ihs werklich anne Pracht.
Jedes Streefla zeigt Rusinka,
Doaß eem reen is Herze lacht.
Aus'm Sträsel quillt de Putter –
Tausend, wie doas prächtig schmeckt,
Doß ma lange noch derhinger
Sich vergnügt is Maul beleckt!

Sträselkucha, dar wirkt Wunder!
Tun de Kinder Händel hoan,
Ihs verbuhst de Schwiegermutter,
Reseniert der brumm'ge Moan,
Dorf ich blußig hien zum Tische
Recht an grußa Kucha troan –
Do ihs uff der Stelle Friede:
Jeder muffelt, woas a koan!

Feierte man in den Dörfern Feste, spielten Vater und Onkel Karl zum Tanze auf, mit Gitarre und Geige. Als besondere Attraktion galt mein ältester Cousin, der die Harfe zum Schwingen brachte, was auch damals schon eine Seltenheit war. Ihr Repertoire bestand hauptsächlich aus alten Schlagern, von denen sich die Wiener Lieder besonderer Beliebtheit erfreuten: „Wenn es Abend wird“ und „Wien, Wien, nur du allein“. Bei ihren Auftritten hörte man immer: „Ja, die Zigeunermusik, was für eine schöne Musik!“

Vater handelte auf Reisen mit Pferden, wenn sich dazu eine Möglichkeit ergab. Eines seiner Pferde wurde kreuzlahm und konnte nicht mehr aus eigener Kraft aufstehen. Wir mußten ihm nach dem Schlafen einen Gurt anlegen und es mit einem Flaschenzug aufrichten. Irgendwie schaffte Vater es aber, das kranke Tier auf dem Markt gegen ein gesundes einzutauschen.

Ab und zu trafen wir auf Reisen andere Sinti, bis zu vier Wagen und mehr waren dann versammelt. Unter ihnen befand sich oft die Familie meiner Großmutter väterlicherseits, die Rosenbergs aus Wernigerode im Harz. Einmal fuhren wir zu einem Gegenbesuch in den Harz – aber die Tour war so lang und strapaziös, daß wir uns lieber wieder auf Schlesien beschränkten. Für mich sollte es aber nicht die letzte Harzreise gewesen sein. Mein späteres Leben führte mich noch oft in die schöne Gegend – leider nicht immer freiwillig.

Bärenstraße – Trommeln statt Geigen

Eines Tages sagte Mutter: „Ich will meinen Jungen wieder haben." Wir wohnten ja nicht weit auseinander, vielleicht eine halbe Stunde mit der Straßenbahn, und alle zwei Tage kam Mutter ohnehin zu Besuch in die Klosterstraße. Ich vermißte sie also nicht. Doch es half nichts – ich mußte zu meinen Eltern in die Bärenstraße, wo inzwischen meine Schwester Elisabeth die Familie verstärkte.

Der Umzug von dem großen Haus in den engen Wohnwagen hinter der Gaststätte war für mich eine Umstellung. Aber ich gewöhnte mich schnell an das lebendige Treiben in dem Wirtshaus, das bald zu meinem neuen Lieblingsspielplatz wurde. Hier gingen viele „bunte Vögel" ein und aus, die immer einen lockeren Spruch auf Lager hatten – und für mich Knirps ein gutes Wort. Zur Stammkundschaft zählten die Pferdehändler aus der Umgebung, die ausgiebig auf ihre Geschäfte anstießen. Näherte sich die Stimmung ihrem Höhepunkt, hieß es oft: „Wo ist Peter Hanstein?" – und schon tauchte Vater auf und spielte auf der Geige oder dem Akkordeon. Bei besonderen Veranstaltungen trommelte er noch andere Sinti zusammen. Im Umkreis wußte jeder: „Ach, Peter Hanstein, der macht Musik. Das sind Zigeuner, aber sie sind ok." Ich bin dann hinterm Tresen hin und her gelaufen, freute mich und fühlte mich wie zu Hause.

Als kleiner Junge prangten lange Locken auf meinem Kopf, sogenannte „Schillerlocken", wie Oma sagte. Da ich mich von den anderen Sinti-Kindern unterschied und eher wie unsere jüdischen Nachbarkinder aussah, nannte man mich in der Familie oft das „Judenkind". – Auch dem kinderlieben Pferdehändler Behm fiel meine außergewöhnliche Erscheinung auf, und ihm kam eine Idee. Wenn er zum Pferdemarkt fuhr, fragte er Vater: „Peter, wie weit ist Ewald? Ich nehme den Jung' mit." Und schon saß ich kleiner Steppke neben dem drei Zentner schweren Behm auf der Kutsche. Kaufte, tauschte oder verkaufte er auf dem Markt Pferde, gab er mir immer die Leine in die Hand. Das Pferd war groß, ich war klein – Pferdehändler

Behm und sein „Judenkind“ mit dem langen Haar galten als Attraktion auf dem Markt. Ich erhielt immer meinen Anteil an den Geschäften von Herrn Behm – das sogenannte Pferdehalfter-Geld. Aber wichtiger war für mich der riesige Spaß, der mit dem Besuch des Pferdemarktes verbunden war. Dabei habe ich sehr viel gelernt, was ich später als Geschäftsmann anwenden konnte. Vor allem aber lernte ich reiten, und wenn wir mit Pferd und Wagen auf Reisen gingen, wußte ich schon, obwohl noch ein kleiner Junge, wie ein Pferd aufzuzäumen war.

Eines Tages meinte Großmutter zu Onkel Siegfried, der sich viel um uns Kinder kümmerte: „Geh' mal mit dem Jungen zum Friseur und laß ihm die Haare ein bißchen kürzer machen.“ Der Friseur verpaßte mir aber einen normalen Haarschnitt; als Großmutter mich sah, schimpfte sie mit meinem Onkel: „Was hast du mit meinem Jungen gemacht? Du hast die schönen Haare abschneiden lassen, jetzt ist er nicht mehr unser 'Judenkind'.“ Pferdehändler Behm nahm mich aber trotzdem weiter mit auf den Markt.

In Pöpelwitz waren wir die einzigen Sinti, aber viele wohnten im Zentrum. Außerdem gab es in der Nähe, in Rosenthal an der Oder, einen festen Platz, auf dem im Winter wie im Sommer viele Wagen von Sinti und Schaustellern standen. Wir sind oft mit der ganzen Familie nach Rosenthal gefahren, um dort gesellige Tage zu verbringen. Es wurde gegessen, getrunken und musiziert. Ob Sinto oder nicht – jeder brachte ein, was er hatte.

Ob in der Klosterstraße, in Pöpelwitz, in Rosenthal oder auf Reisen – immer war die Luft voller Geigenklänge. Doch manchmal horchten wir auf, wenn statt der gewohnten beschwingten Musik eine zackige Trommel ertönte. Dann übte Vater wieder für den Spielmannszug, dem er seit kurzem angehörte. Erst viel später begriff ich, wie mutig es von ihm war, diese Trommel zu schlagen: Es handelte sich um den Spielmannszug der KPD. Für einen Sinto war es sehr ungewöhnlich, sich politisch zu betätigen. Die meisten hatten Angst aufzufallen und hielten sich zurück. Das war schon damals ein Fehler und ist heute nicht viel anders. Wenn ältere Sinti zu meinem Vater kamen, kritisierten sie ihn: „Du bist in der KPD, wie kannst du so etwas machen?“ Aber Vater war anders und hat weiter gedacht. „Wer weiß, was noch alles geschieht“, antwortete er immer.

Mir ist nicht klar, wie er zur KPD gekommen ist, vielleicht durch die Musik, aber ich merkte, daß mein Vater bekannt und angesehen war und viele Verbindungen zu Gadsche hatte. Im Haus meiner Oma gab es einen Raum, in dem sich Leute trafen, hauptsächlich Männer, aber eine Frau war auch dabei und als einziger Sinto neben meinem Vater auch mein Onkel Karl. Wenn sie sich versammelten, mußten wir Kinder draußen bleiben, es wurde immer ganz geheimnisvoll getan. Ebensowenig sagte man uns ein paar Jahre später, als wir schon in Masselwitz wohnten, wohin Vater abends allein verschwand. Wir Kinder kriegten nur mit, daß Mutter sehr besorgt und überhaupt nicht damit einverstanden war, weil er das Haus verließ. Gertrud sagte zu Mama: „Papa geht schon wieder weg, wo geht er hin?" Immer abends. Ich wußte damals nicht, daß es ein Viertel gab, das Scheitnig hieß und in dem hauptsächlich Antifaschisten wohnten, die sich auf der Straße und im Saal mit der braunen SA-Horde prügelten. Mein Vater war eine Seele von Mensch und wollte keinen Streit. Aber wenn man ihn angriff, war er mutig und kämpfte bis aufs Letzte.

Während die meisten Sinti Handel trieben und auf Märkte fuhren, übte mein Vater einen Beruf als Gärtner aus. Als einer von wenigen Sinti konnte er lesen und schreiben und half den anderen oft, Formulare auszufüllen und Briefe zu schreiben. Sogar für die Partei hat er Plakate gemalt und Schriftverkehr erledigt. Es war ihm immer wichtig, daß auch wir Kinder lesen und schreiben lernen. Oft nahm er mich ins Gebet: „Was nützt dir das, wenn du nur auf Geschäft gehst, Geld zählen und gerade mal deinen Namen schreiben kannst? Du mußt doch weiterdenken, damit du später mal einen richtigen Beruf ausüben kannst!" Meine älteste Schwester konnte schon schreiben wie ein Rechtsanwalt, und auch ich erhielt bald Gelegenheit, es zu lernen. Als ich zur Schule kam, wohnten wir allerdings schon in Großmasselwitz.

Masselwitz – Anfang vom Ende

In Großmasselwitz, einem Vorort von Breslau, den man getrost als Dorf bezeichnen konnte, fand mein Vater Ende der 1920er Jahre eine Stelle als Gärtner. Hier lebte eine jüngere Schwester meiner Mutter. Lilly war mit einem Kammerjäger namens Maatz verheiratet und wohnte in einer SA-Siedlung. Wir ließen den Wohnwagen stehen und zogen in die Parterre-Wohnung eines kleinen Häuschens, die Lilly uns besorgt hatte: zwei Zimmer, Küche und ein Kinderzimmer, das wir anfangs zu dritt belegten.

Bald nach unserem Einzug wurde es noch enger. denn Gregor und Lydia stellten sich ein. 1934 kam als Nachzügler das kleine Brüderchen Willi dazu, doch es überlebte die ersten Monate nicht und verstarb.

Zur Schule mußten Gertrud und ich jeden Tag zwei Kilometer nach Kleinmasselwitz laufen, im Winter wie im Sommer. Das ging natürlich aufs Schuhwerk; da wir im Jahr nur ein paar Schnürschuhe bekamen, wurden kleine Nägel in die Ledersohlen geschlagen. So hielten sie etwas länger, aber oft mußten wir auf die unverwüstlichen Holzschuhe ausweichen oder barfuß laufen. Auf dem langen Weg zur Schule nach Kleinmasselwitz begleitete uns ein Junge aus der Nachbarschaft, mit dem ich mich anfreundete. Sein Vater besaß eine riesige Landwirtschaft und war Mitglied der Nazi-Partei.

Wir lebten bescheiden, aber die Menschen waren freundlich zu uns. Zwei Häuser weiter wohnte zum Beispiel der Bauer Karl Dipfel mit seiner Familie, ein netter älterer Mann, den wir auf schlesisch „Dipfel-Kolle“ nannten. Er steckte uns Kindern immer ein paar Groschen zu, oder Beem, wie sie damals in Schlesien hießen. Von dem Geld kauften wir Bonbons, die auf dem Ladentisch verlockend in großen Gläsern auf uns warteten. Für einen Sechser, so die Bezeichnung für das Fünf-Pfennig-Stück, kriegten wir eine ganze Tüte dieser Köstlichkeiten.

Bei „Dipfel-Kolle“ kaufte Mutter auch Hühner, und zu Weihnachten eine Ente oder Gans. War Erntezeit, schaute er vorbei und fragte, ob wir mithelfen könnten, Kartoffeln zu roden oder Heu zu fahren. Er bezahlte uns meistens in Naturalien, mit Gemüse oder Obst. Bei „Dipfel-Kolle“ konnten wir auch weiterarbeiten, nachdem die Nazis an die Macht gekommen waren.

Schon in der Bärenstraße wohnten wir überwiegend mit Juden zusammen. Brauchte Vater einen Anzug oder sonst irgend etwas, kaufte er meist in einem jüdischen Geschäft ein. Gab es Probleme, ist er meist auch zu einem jüdischen Bekannten gegangen, denn unter den Juden befanden sich viele gebildete Leute, Rechtsanwälte, Ärzte usw. Zwar verfügten auch einige Sinti über gute Positionen, zum Beispiel bei der Reichsbahn oder Post, insgesamt waren wir aber einfache Leute. Ich kannte es auch gar nicht anders, Vater verdiente sein Geld als Arbeiter, und so war es eben.

Trotz der Unterschiede fühlten die Juden und Sinti sich immer verbunden, und wir spielten viel mit jüdischen Kindern. Das war auch in Kleinmasselwitz nicht anders, wo ich mich in der Schule schnell mit den jüdischen Jungen anfreundete.

Dann wurde gewählt und jeder, der für die NSDAP gestimmt hatte, erhielt eine goldene Nadel auf der ein „Ja" stand. Wir registrierten das schon als Kinder, aber niemand ahnte auch nur einen Augenblick lang, wohin die beiden Buchstaben führen sollten. Wir fühlten uns noch nicht bedroht. Das änderte sich bald, wenn auch in kleinen Schritten.

Eines Morgens, kurz nach der Machtergreifung im Jahre 1933, kam mein Freund wie immer zum Treffpunkt, und ich sah sofort, daß ihn etwas bedrückte. Eine Weile druckste er herum, schließlich brach es aus ihm heraus: „Ich darf nicht mehr mit Euch spielen, mein Vater hat es verboten." Von diesem Zeitpunkt an hielt er auf dem Schulweg Abstand. Er blieb kein Einzelfall. Die Gadsche distanzierten sich von uns. Zuerst waren wir überrascht und glaubten an ein Mißverständnis: „Wir haben euch nichts getan", sagten wir. Als wir jedoch immer wieder hörten, daß sie nichts gegen uns hätten, aber die Eltern den Umgang mit uns verbieten würden, merkten wir: „Hier läuft etwas schief."

Vorher hatten wir – von Ausnahmen abgesehen – unsere Herkunft nie als Problem empfunden. In der Bärenstraße riefen zwar einige Kinder „Zigeuner, Zigeuner" hinter uns her, aber taten wir das nicht auch, wenn unsere Verwandten mit ihren Wagen kamen? In der Schule bemühte man sich nicht wirklich darum, uns etwas beizubringen, aber das kannten wir nicht anders.

Anfangs machten wir sogar ein paar mal bei den HJ-Pimpfen mit. In Masselwitz gab es einen großen Platz, auf dem sie

Spiele organisierten. Die einen erhielten ein blaues, die anderen ein rotes Band und mußten gegeneinander kämpfen. Wir betrachteten es als Spiel, aber in Wahrheit war es schon eine Art militärischer Drill für Achtjährige. Bald hieß es auch hier: „Ihr könnt wegbleiben!“ Wenig später durften die Gadsche in der Schule nicht mehr mit uns spielen. In der Pause waren wir mit den jüdischen Kindern allein, aßen mit ihnen zusammen unser Frühstücksbrot und wurden auch in der Klasse in die hinterste Ecke gesetzt.

Unser Lehrer war von Anfang an ein PG-Mann, wie man die Parteigenossen der NSDAP nannte. Wenn wir vergaßen, mit „Heil Hitler“ zu grüßen, mußten wir uns in die Ecke stellen, noch einmal alles aufschreiben oder während der Pause in der Klasse bleiben. Im Erfinden neuer Schikanen war er besonders gut. Bei besonderen Anlässe wie Feiern oder Gedenktagen hieß es immer „Zigeuner und Juden, Ihr könnt nach Hause gehen“ oder „Ihr bleibt in der Schule und setzt Euch nach ganz hinten“. Wenn irgendwer etwas angestellt hatte, war sofort klar: das können nur die Juden oder „Zigeuner“ gewesen sein. Erstaunt und traurig mußten wir mit ansehen, wie nach und nach die jüdischen Kinder aus der Schule verschwanden. Schon bald nach der Machtergreifung zwangen die Nazis viele jüdische Familien, das Land zu verlassen, indem sie zum Boykott ihrer Geschäfte aufriefen und ihnen Berufsverbote auferlegte. Die Schikanen konzentrierten sich fortan auf meine Schwester und mich; wir waren die einzigen Sinti-Kinder an der Schule.

Einmal reichte es meinem Vater, und er ging zum Rektor, um sich zu beschweren. Ich weiß nicht, wie das Gespräch verlaufen ist, aber zu stark durfte er nicht auf den Tisch hauen, sonst hätten sie ihn schon damals abgeholt. Gebessert hat sich jedenfalls nichts. Wir besuchten weiterhin die Schule, ohne etwas zu lernen. Niemand interessierte es, ob wir lesen oder schreiben konnten. Wenn wir uns meldeten, um eine Frage zu beantworten, sah man geflissentlich über uns hinweg. In Heimatkunde besaßen wir einen großen Vorsprung, da wir als Reisende Schlesien wie unsere Westentasche kannten. Von den anderen Schulkindern wußte niemand, wo Hainau, Bunzlau oder Sagan liegen. Aber sobald meine Schwester oder ich versuchten, unsere Kenntnisse anzubringen, hieß es nur: „Ach, Ihr schon wieder…“ Wenn meine Mutter uns nicht zuhause etwas beigebracht hätte, könnte ich heute wahrscheinlich gerade mal meinen Namen schreiben.

Von Mutter lernte ich also lesen und schreiben, während mein Vater mir die Musik und die Politik zeigte. Dieses Erbe halte ich bis heute hoch, setze mich dafür ein, daß die Sinti eine gute Ausbildung bekommen und wehre mich gegen Ungerechtigkeiten. Nie werde ich meine Herkunft verleugnen, nie! Wie es mein Vater auch nie getan hat.

In Breslau wurde die Situation als Sinto und Kommunist für ihn immer brenzliger. Ich erinnere mich dunkel an eine Hausdurchsuchung, bei der man nach verräterischen Dokumenten fahndete. Anfang 1936 zogen wir mit der ganzen Familie, einschließlich der Großeltern, Cousinen und Onkel Siegfried, nach Berlin um, wo inzwischen viele Verwandte von uns wohnten. Mitgenommen haben wir auf der Bahnreise nichts. Ein Umzug mit allem drum und dran hätte sicher Verdacht erregt. Vermutlich erhofften sich die Älteren in unserer Familie vom Zusammensein mit anderen Sinti einen Schutz vor Übergriffen. Welch eine Fehleinschätzung! Alles wurde noch schlimmer.

Jugend in Berlin

Im Lager

Berlin wartete im Sommer 1936 auf die Jugend der Welt. Überall in der Stadt legten die Bauarbeiter letzte Hand an Sportstätten, Unterkünfte und Straßen. Deutschland wollte sich mit den Olympischen Spielen als glanzvolle und friedfertige Nation präsentieren. Auch im äußersten Osten Berlins, im Dorf Marzahn, wühlte man eifrig im Erdreich herum. Doch hier stellte man keine schönen Bauten auf die frisch planierten Felder, sondern schrottreife Wohnwagen und ausgemusterte Arbeitsbaracken.

Auf die Sprößlinge der Familien Dewüs und Hanstein hatte niemand gewartet. „Aufstehen, Fertigmachen!" hieß es am frühen Morgen des 16. Julis 1936 in hunderten Berliner Wohnungen und Wohnwagen. 600 Angehörige unserer Minderheit, überwiegend Sinti, wurden von der Berliner Polizei und der SA in LKW's oder ihren eigenen Wagen nach Berlin-Marzahn abtransportiert. Schon Stunden später verkündete die Berliner Presse stolz: „Berlin zigeunerfrei!"

Ich kann mich an die erste Zeit in Berlin kaum erinnern. Elisabeth erzählt, daß die Familien Dewüs und Hanstein zunächst getrennt waren. Großmutter, die Onkel Karl und Siegfried sowie meine Cousinen quartierten sich vorübergehend bei Verwandten in Friedrichsfelde ein, wo die Mädchen für kurze Zeit noch die normale Schule besuchten, bis man sie Mitte Juli nach Marzahn verfrachtete. An diesem ungastlichen Ort landeten meine Eltern, Geschwister und ich gleich nach unserer Ankunft in Berlin. Schnell füllte sich der Platz mit vielen anderen Sinti und Roma, zunächst aus Berlin, später aus dem gesamten Reichsgebiet.

Wir hatten in den letzten Breslauer Jahren erlebt, wie man uns schlechter und schlechter behandelte, Lehrer, Nachbarn und die Polizei – aber wir konnten uns noch frei bewegen. Wir hatten gesehen, wie unsere jüdischen Nachbarn verschwanden, aber von Konzentrationslagern ahnten wir nichts.

Nun lebten wir das erste Mal in einem Lager. Es trug den beschaulichen Namen „Rastplatz Marzahn". Tatsächlich war es das erste faschistische Zwangslager in Deutschland, in das man Menschen aufgrund ihrer rassischen Herkunft steckte. Damals noch ohne jede gesetzliche Grundlage.

Die Reichshauptstadt wollte sich der Weltöffentlichkeit ohne störende „Schandflecke" präsentieren, angeblich auf Verlangen der Bevölkerung. In den folgenden Jahren mußten wir schmerzhaft erfahren, daß es noch andere Gründe für die Errichtung des Lagers gab. Wir sollten nicht nur von der „deutschblütigen" Bevölkerung abgesondert werden. Man wollte uns auch bis ins letzte Familienglied ausforschen, oder wie es damals hieß: „rassisch" erfassen. Außerdem standen wir als billige Zwangsarbeiter zur freien Verfügung. Die schlimmste Funktion des Lagers aber war, daß man uns schon für die späteren Deportationen in die Konzentrationslager sammelte. Erst lange nach dem Krieg erfuhr ich, daß in dieser Zeit in vielen Städten ähnliche Lager für Sinti und Roma eingerichtet worden waren. Wie Marzahn für uns, stellten sie für viele andere die erste Station auf dem Weg nach Auschwitz dar.

„Rastplatz" – was für ein Hohn! Freiwillig wäre auf diesem Platz kein einziger Sinto auch nur eine Minute geblieben. Er war von Rieselfeldern umgeben, in deren Gräben man ständig Jauche pumpte und von denen fortwährend ein furchtbarer Gestank herüberwehte. Auf den anderen Seiten war der Platz in der Nähe des heutigen S-Bahnhofs Marzahn von Bahnschienen und einem Friedhof begrenzt. Der Ort entsetzte uns nicht nur, er widersprach auch vollständig unseren Sitten und Reinheitsgeboten!

Wer nicht seinen eigenen Wagen mitbringen konnte oder in einem der ausgemusterten Wohnwagen und Baracken unterkam, mußte sich anfangs mit einer Decke draußen ein Plätzchen suchen. Später errichtete man weitere Baracken. Für teilweise bis zu 1000 Insassen gab es drei Brunnen mit ungenießbarem Wasser und zwei Toilettenanlagen. Eingezäunt war das Lager nicht, dafür stand es unter strenger Bewachung mehrerer Polizisten und Hunde.

Jeder Neuankömmling wurde registriert. Die Namen, Daten und Fingerabdrücke landeten in der „Dienststelle für Zigeunerfragen" im Polizeipräsidium am Alexanderplatz, das der berüchtigte Leo Karsten leitete. Männer wie Frauen über 14 waren verpflichtet, jede Arbeit anzunehmen, die ihnen das Arbeitsamt zuwies. Von den Olympischen Spielen haben wir nichts mitgekriegt.

Meine Geschwister und ich mußten uns gewaltig umstellen – nicht nur von einer gemütlichen Wohnung auf ein stinkendes Feld. In Breslau hatten wir wenig mit anderen Sinti zu tun gehabt – nun lebten wir von einem Tag auf den anderen im „Zigeuner-Ghetto." Der 12jährige „Kronprinz", der seine Zeit noch vor kurzem am beschaulichen Oderhafen vertrödelt hatte, mußte sich nun seiner Haut erwehren. Bislang waren hauptsächlich meine Cousinen und Schwestern meine Spielgefährten gewesen. Nun standen mir fremde, hartgesottene Berliner Großstadtjungs gegenüber.

„Das sind deine Cousins, das ist Familie," sagte mein Vater, aber das war ein schwacher Trost. Der schmächtige Provinz-Bursche mit dem lockigen Haar mußte sehen, wie er mit den Rosenbergs, Trollmanns und Adlers klarkam. „Wo bist du denn her?" pflaumte man mich an. Alle sahen auf meine Beine. „Wieso läufst du hier mit kurzen Hosen rum?" Bei den Sinti ist es üblich, daß die Jungen lange Hosen tragen. Ich wußte nicht, daß man mit kurzen Hosen noch als Kind galt und wäre am liebsten im Erdboden versunken.

„Hältst dich wohl für was Besseres?" ging die Anmache weiter. Alle sahen auf meine Füße. Als einziger Junge weit und breit war ich nicht barfuß, sondern trug Schuhe. Nicht einmal Holz-, sondern sogar Schnürschuhe! Mutter achtete eben darauf, daß ich gut gekleidet war. Aber für meine neuen Gefährten stand fest: „Mensch, du bist ja gar kein Sinto!" Nicht nur in der Kleidung unterschied ich mich von den anderen. Als einer von wenigen konnte ich lesen und schreiben. „Mensch Ewald, kannst Du mir das mal vorlesen und unterschreiben?" wurde ich oft gefragt. Die Älteren wußten meine Fähigkeiten zu schätzen. Die Jugendlichen fanden mich suspekt.

Wenn es früher Ärger zwischen Sinti gab, suchte man sich einfach einen neuen Platz und ließ sich in Ruhe. Hier konnte niemand weggehen, wenn ihm etwas nicht paßte. Das führte zu Spannungen, die in Prügeleien enden konnten. Auch unter den Jugendlichen. Ich überstand die Zeit trotzdem ohne äußere Blessuren, weil ich meine Rolle als Sonderling annahm. Wer rupft einem Paradiesvogel schon gern eine Feder aus! Ich lernte, mich anzupassen, nicht aufzufallen und dennoch in jeder Sekunde hellwach zu sein und meinen Kopf zu gebrauchen. Wurde es trotzdem brenzlig, war immer noch Oma da, zu der ich weiterhin „Mama" sagte und die mich beschützte.

Unsere neue Großfamilie zählte ungefähr 50 Mitglieder. Die Rosenbergs, Trollmanns und Adlers waren Geschwisterkinder meines Vaters, also Cousins und Cousinen. Wir standen Wagen an Wagen, aber jede Familie lebte und kochte für sich. In den Wagen und Baracken gab es zwar Kohleöfen, aber es war nicht viel da, was man darauf kochen konnte. Damals rationierte man die Lebensmittel sogar für die Gadsche; natürlich erhielten wir nicht die vollen Rationen. Am schlimmsten traf es die Mütter, die kleine Kinder ernähren mußten. Für sie war nur 1/8 l Magermilch pro Tag vorgesehen, und die bekamen sie nur, wenn die Bauern in der Umgebung Milch übrig hatten. Mutter hatte man – wie den anderen Sinti-Frauen – ihr Wandergewerbe abgenommen.

Wenn wir über Geld oder Lebensmittelkarten verfügten, besorgten wir uns in der Bude von Herrn Schulz Brot oder Milch. Neben der Bude stand sein Motorrad mit Beiwagen, das wir uns voller Sehnsucht ansahen. Die Frauen durften auch im Geschäft des Kaufmanns Haase in Marzahn einkaufen oder Kohlen besorgen. Wenn wir ohne Lebensmittelmarken waren, mußten wir eben ohne Brot über den Tag kommen – auch die Jugendlichen und Erwachsenen, die in Berliner Betrieben schwer arbeiteten. In diesem Fall versuchten wir, beim Bäcker Kuchen vom Vortag abzustauben. Oder wir tauschten mit Gadsche: Lebensmittelkarten gegen Zigaretten, Schmuck oder was uns sonst noch geblieben war. Davon durfte aber niemand etwas wissen.

Auch wir Kinder „organisierten“ kräftig. Tagsüber liefen wir über Feldwege bis nach Falkenberg und erbettelten Kartoffeln. Abends gingen wir auf dem selben Weg zum Klauen: Weißkohl, Steckrüben und Mohrrüben wuchsen uns am Wegesrand entgegen. Mein Cousin Robert Adler, ein großer schlanker Bursche, mit dem ich mich anfreundete, und ich fuhren manchmal auch mit Fahrrädern nach Lichtenberg, wo wir ein paar älteren Leuten im Garten halfen und man uns in Naturalien entlohnte. Auch die Räder hatten wir irgendwo organisiert und aufgemöbelt. Früh lernte ich, aus wenig etwas zu machen. Meine Fähigkeit zu tüfteln, brachte mir nach dem Krieg beim Bremer Autobauer Borgward sogar eine Prämie ein.

Unsere Ausflüge in die Landwirtschaft waren nicht ungefährlich. Jeder, der das Lager verlassen wollte, mußte den

Hauptweg benutzen, der an der Polizeibaracke vorbeiführte, die mit einem riesigen Suchscheinwerfer ausgestattet war. Die Wachmannschaft kontrollierte jeden, der rein- und rausging. Raus durfte man nur zum Arbeiten, Einkaufen, Wasserholen und Brennholz besorgen. Um 22 Uhr abends mußten alle wieder zurück sein. Für unsere Extra-Touren benutzten wir meist einen kleinen Trampelpfad, der deutlich kürzer war als der vorgeschriebene Weg. Oder wir schlichen uns gleich querfeldein aus dem Lager, immer auf der Hut vor dem gefürchteten Hauptwachtmeister Bredel und seinem Schäferhund. Wer sich erwischen ließ und nicht an Ort und Stelle gebissen wurde, bekam anschließend Schläge oder zumindest eine Strafarbeit verpaßt. Ich bin zum Glück nie in die Falle gelaufen.

Neben der Polizei standen noch zwei weitere Baracken. In die eine kamen die Frauen zur Entbindung. Auch meine Mutter brachte hier noch ein Kind zur Welt: die kleine Ramona vervollständigte unsere Familie. In der anderen Baracke eröffnete man ein paar Monate nach unserer Ankunft die sogenannte Schule. In die richtige Schule, die sich in der Nähe der Marzahner Dorfkirche befand, durften wir selbstverständlich nicht gehen, wir mußten in die Lagerschule.

Aber was heißt schon Schule! Außer ein paar wackligen Bänken und einer Tafel gab es nichts. Ein Lehrer war für alle zuständig, für die 14jährigen sowie für die kleinen Kinder. Gelernt haben wir nichts. Aber wenn einmal eine Kommission vom Internationalen Roten Kreuz das Lager inspizierte, konnte die Leitung sagen: „Wir haben sogar eine Schule für die Zigeuner-Kinder.“ Ein reines Alibi. Ich konnte immerhin schon lesen und schreiben. Die meisten anderen wußten kaum, wie man ihren Namen schrieb; niemand hatte es ihnen beigebracht.

„He, du da, komm mal nach vorne“, sagte der Lehrer. „Wie heißt in Deiner Sprache Brot? Schreib es auf!“ „Und du da, was heißt Pferd, weißt Du was Pferd heißt?“ Niemand bemühte sich ernsthaft, uns etwas Neues beizubringen. Aber wir sollten dem Lehrer unsere Sprache zeigen. Was sollte das? Ich tat ihm den Gefallen nicht und stellte mich blöd. „Nimm kein Romanes in den Mund, wenn Gadsche in der Nähe sind!“ Das hatte meine Mutter mir eingeimpft.

Bis heute ist es unter den Sinti verpönt, anderen unsere Sprache beizubringen. Genauso schützen wir unsere Sitten und Gebräuche. Wir Sinti und Roma mußten eine Erfahrung immer wieder aufs neue machen, egal in welchem Land: „Wer unsere Sprache beherrscht, beherrscht uns!“ Die jeweiligen Machthaber nutzen die Kenntnisse unserer Sprache und Kultur, um uns auszuspionieren und zu schädigen. Die Roma in Südosteuropa gehen seit langem freizügiger mit unserem gemeinsamen Erbe, dem Romanes, um. Inzwischen werden sie in den Ländern des ehemaligen Ostblocks wieder verfolgt und vertrieben, und viele Sinti sagen: „Seht mal, jetzt rächt sich ihr Vertrauen; jetzt finden sie nicht einmal mehr Schutz in ihrer Sprache.“ Viele haben immer noch Angst, die Nazis könnten zurückkommen, oder wie es die Roma Ceija Stojka geschrieben hat: „Ich hab' Angst, Auschwitz könnte nur schlafen.“[1]

Eines Tages erschienen eine Frau mit roten Haaren und ihr Begleiter auf dem Platz. Sie verteilten Bonbons und versammelten die Kinder um sich. Nachdem sie uns untersucht hatten, sagten sie: „Ihr habt Ungeziefer. Für jede Laus, die Ihr findet, geben wir euch eine Mark“. Das war viel Geld, und wir litten tatsächlich darunter, daß wir uns kaum waschen konnten und die Läuse uns plagten. So wollten sie unser Vertrauen gewinnen.

Die freundliche Frau kam wieder, auch in die Schule. Wir nannten sie inzwischen Lolitschai, die Rote. Auch sie wollte viel von uns wissen: „Wie heißt Dein Vater? Und Dein Großvater?“ So forschte Eva Justin unsere Familien systematisch aus. Ihr Chef, Dr. Robert Ritter, war Leiter der „Rassenhygienischen Forschungsstelle“, die seit 1936 die Sinti und Roma nach „rassischen Kriterien“ erfaßte. Ab 1938 waren Ritter und seine Leute in „fliegenden Arbeitsgruppen“ im gesamten Reichsgebiet unterwegs. Unterstützt vom Reichssicherheitshauptamt, erstellten sie fast 24 000 „Rassegutachten“, die unsere Minderwertigkeit belegen und unsere Vernichtung „wissenschaftlich“ legitimieren sollten. Dank Ritter und seinen Leuten hat es wohl noch nie eine besser ausgeforschte und dokumentierte Minderheit gegeben als die Sinti und Roma während des Dritten Reiches.

Bei der Befragung der Erwachsenen gingen Ritter und Justin nicht mit so viel Tricks vor wie bei den Kindern. Sie wandten gleich offenen Zwang an und drohten mit der Einweisung in ein Schutzhaftlager, wie sie es nannten. Wer seinen Stammbaum nicht preisgab, mußte mit harter Bestrafung rechnen. Mein Cousin Otto Rosenberg erzählt in seiner Autobiographie „Das Brennglas“ von einer Begebenheit, an die auch ich mich noch erinnere. Eine 80jährige Frau wollte keine Auskunft geben und versteckte sich am Falkenberger Weg. Nach ihrer Entdeckung schnitt man ihr die Haare ab und verprügelte sie.[2]

Bald reichten Ritter und Justin die Auskünfte nicht mehr. Sie luden uns in ihr Institut vor, das alle nur „Rassenamt Dahlem“ nannten. Inzwischen konnte Lolitschai uns sogar in gutem Romanes ausfragen. Hatten sie es also doch geschafft, unsere Sprache auszuspionieren! Ich mußte mich in einem kargen Raum auf einen Stuhl setzen und still halten. Mit Hilfe verschiedener Schienen wurden ich von Kopf bis Fuß vermessen. Mund, Nase, Augen, Ohren, sogar den Rachenraum erforschten sie mit einem speziellen Instrument. Anschließend photographierte man uns aus allen Winkeln. Die Meßergebnisse trugen Ritter und seine Leute fein säuberlich in Karteikarten ein. Für jeden von uns gab es so eine Karte. Man kannte jetzt nicht nur die Verwandtschaftsverhältnisse bis ins letzte Glied, sondern auch die Krümmung der Augenbrauen über dem linken Auge. Damals fragte ich mich, was das soll. Insgeheim ahnte ich, daß es mit unserer Vernichtung enden würde.

Die „Zigeunerforschung“ diente der „Lösung der Zigeunerfrage“, mit der das „Eindringen fremdartigen Erbgutes in das deutsche Blut“ verhindert werden sollte. Es gibt tausende Dokumente, die die unfaßbaren Gedankengänge der Nazis belegen. In der Zeitschrift des Deutschen Ärztebundes heißt es im Jahre 1938 zum Beispiel: „Ratten, Wanzen und Flöhe sind auch Naturerscheinungen, ebenso wie Juden und Zigeuner ... Alles Leben ist Kampf. Wir müssen deshalb alle diese Schädlinge biologisch allmählich ausmerzen, und das heißt heute, die Lebensbedingungen durch Sicherheitsverwahrung und Sterilisation so grundlegend ändern, daß alle diese Feinde unseres Volkes langsam aber sicher zur Ausmerze gelangen.“[3] Dabei arbeiteten Ritters Leute Hand in Hand mit dem Reichspolizeiamt, in Berlin also mit Leo Karsten. Aber das erfuhr ich alles erst lange nach der Befreiung.

Außer Justin und Ritter und anderen Staatsorganen kamen Gadsche selten ins Lager. Wenn Spaziergänger die Baracken sahen, sagten sie nur: „Guck mal, da leben die Zigeuner, da gehen wir nicht hin.“ Die Leute wußten wahrscheinlich nicht einmal, daß wir Gefangene waren. Sie sahen unsere Frauen ja, wenn sie in Marzahn beim Kaufmann Haase einkauften, bettelten oder Spitze tauschten.

Abends tönten oft süße deutsche Schlager oder Wiener Lieder über die stinkenden Rieselfelder. Manch Spaziergänger oder Bahnreisende, deren Zug in Höhe des Lagers stehen blieb, glaubten ihren Ohren nicht zu trauen. „Ein Freund, ein guter Freund“ vernahmen sie und stutzten. Wunderbar, sagten sie! Es waren viele gute Musiker in Marzahn, z.B. Hänschen Weiss' Vater, der den jungen Burschen Gitarrenunterricht gab. Einige machten auch für Speisen und Getränke in der Stadt Musik in Karows Lachbühne und sogar im „Kabarett der Komiker“, wo zu der Zeit Berühmtheiten wie Karl Valentin, Werner Finck oder Lale Andersen auftraten. Die sogenannte „Zigeunermusik“ wollten die Leute immer hören, aber mit uns etwas zu tun haben, das wollte keiner. Und die es wollten, durften es nicht. Die Nürnberger Gesetze, die Eheschließungen zwischen Juden und „Deutschblütigen“ untersagten, galten seit dem 3. Januar 1936 per Erlaß des Reichsinnenministers auch für die Verbindungen von Sinti mit Nicht-Sinti.

Mit vierzehn Jahren wurde ich wie die anderen zur Arbeit in der Fabrik dienstverpflichtet. Ich ging zum Arbeitsamt in die Sonnenallee, wo man mich zur Norddeutschen Kugellager-Fabrik nach Neu-Lichtenberg schickte. Damals wünschte ich mir nichts sehnlicher, als Schlosser zu werden. Das sagte ich auch dem Meister. „Das kriegen wir hin“, machte er mir Hoffnung. Leider hatte er die Rechnung ohne seinen Chef gemacht. „Das braucht der nicht“, hieß es. Auf die Berufsausbildung eines „Zigeuners“ legte niemand Wert. Es war längst beschlossen, was mit uns geschehen sollte. Bis dahin beutete man unsere Arbeitskraft so gut wie möglich aus.

Am Wochenende blieben wir jungen Burschen auf dem Platz. Oft spielten wir Fußball oder sahen der jugoslawischen Artistenfamilie bei ihren Kunststücken zu. Hauptsächlich waren deutsche Sinti in Marzahn, aber auch Roma aus Ungarn, Tschechien und Jugoslawien, die schon länger in Berlin gelebt hatten. Bei den Jugoslawen gab es neben einem Affen jemanden, der schnell zum bekanntesten Insassen wurde: ein riesiger Bär, der in einem Zwinger stand. Etliche Roma reisten damals noch als Bärenführer von Ort zu Ort. An diesem Bären mußten wir immer vorbei, wenn wir das Lager verließen.

Inmitten des Elends geschah für mich in Marzahn auch etwas Wunderbares. Ich lernte Gitarre spielen. Von Musik war ich seit Kindesbeinen umgeben, aber eines Abends nahm ich das erste Mal selbst eine Gitarre in die Hand. Robert Adler spielte schon gut und zeigte mir die ersten Griffe. Noten konnte ich nicht lesen, aber ich guckte mir viel bei den anderen ab. Später habe ich daraus einen meiner vielen Berufe gemacht.

Selbst wer keine Gitarre zur Hand hatte, war nicht zum Zuschauen verurteilt, wenn wir im Kreis zusammensaßen. Der Steptanz, gerade modern, fand uns als seine größten Anhänger. In der Mitte lag ein Holzbrett, auf dem einer nach dem anderen die Sohlen rhythmisch klackern ließ. Jeder wollte die anderen übertrumpfen, wie bei einem Wettkampf. Deshalb achtete ich weiter darauf, vernünftiges Schuhwerk unter den Füßen zu haben – von richtigen Stepschuhen konnte ich nur träumen. Wir waren erfinderisch und schraubten Metallstücke unter die Sohlen. Damit es besonders gut klackerte, zog ich die Schrauben nicht ganz fest.

In der Nähe der Kugellager-Fabrik in Neu-Lichtenberg gab es eine Gaststätte, in der hauptsächlich Arbeiter und Antifaschisten verkehrten. Der Wirt hieß Hermann und warb auf einem Schild mit einem original Berlinerischem Spruch für sein Etablissement:

„Schimpft zu Hause Deine Olle,
jeh' nach Hermann, trink' ne Molle!"

Mit mir schimpfte zu Hause zwar niemand, eines Abends ging ich aber trotzdem auf einen Schluck bei Hermann vorbei und sah, daß in einer Ecke ein Klavier stand. Am Wochenende kam ich mit drei älteren Musikern im Schlepptau wieder. Sie bildeten ein Trio mit Gitarre, Baß und Klavier. Den Solopart übernahm ich selbst und zeigte der johlenden Menge die neuesten Step-Schritte.

In der vertrauten Umgebung spielten wir neben deutschen Schlagern und Wiener Liedern auch eine Musik, die uns neben dem Steptanz infiziert hatte: Swing. Damals war diese Musik, von Django Reinhardt entdeckt und weiterentwickelt, noch völlig neu. Und verboten, wie alles was als „undeutsch" galt. Wir mußten bei unseren Auftritten also aufpassen, denn es konnten jederzeit SA-Männer auftauchen, auch in Zivil. Meist warnten Hermann und die Stammgäste uns rechtzeitig; sie hatten ein feines Gespür für Spitzel. Die Gefahren taten unserem Erfolg keinen Abbruch – wir sorgten für eine volle Hütte, und Hermann hätte uns am liebsten jeden Tag bei sich gesehen. Nach meinem Auftritt spielte die Band weiter, ich ging mit der

Mütze herum und sammelte Geld ein. Der schönste Lohn aber war der Teller mit Reis und Gehacktem, den uns Hermann jedes Mal servierte. Auch als man mich aus der Kugellager-Fabrik entließ, fuhr ich am Wochenende heimlich zu ihm nach Lichtenberg.

Meine neue Arbeitsstelle in einer Wachsfabrik lag in Neukölln. Täglich mußten wir von Marzahn mit dem Bus, in dem wir inzwischen nur noch oben sitzen durften, bis Lichtenberg zur Frankfurter Allee fahren und dort in die U-Bahn nach Neukölln umsteigen. Nach Feierabend trieben wir uns oft noch eine Weile am Strausberger Platz herum, wo zwei Verlockungen auf uns warteten. Zu allererst Billard! Nicht das plumpe Pool-Billard, das man heute hauptsächlich in den Gaststätten findet. Nein, wir zauberten ein feines, kunstfertiges Carambolage auf den Filz. Dabei muß man eine Kugel so spielen, daß sie die anderen beiden Kugeln berührt. Besonders Robert Adler beherrschte den Queue wie kein zweiter. Meistens spielten wir um Geld oder Lebensmittelkarten und erleichterten so manchen Gadscho. Ich war kein guter Spieler, habe aber trotzdem gern mitgemacht.

Außerdem sind wir ins Kino gegangen, in die Filme von Marikka Röck, Zarah Leander und den anderen Leinwandgrössen der 1930er Jahre. Ich achtete natürlich besonders auf die neuesten Tanzschritte, um sie in mein Repertoire aufzunehmen. Manchmal kamen Kontrolleure und hielten Ausschau nach schwarzen Haarschöpfen im Parkett. „Zigeuner“ hatten hier nichts zu suchen. Bis zum Krieg gelang es uns aber immer wieder reinzuschlüpfen. Da war auch die Angst noch nicht so groß. Später ließ man uns nirgendwo mehr hin.

In der Fabrik mußten wir Kerzen aus kochend heißem flüssigen Wachs gießen. Wenn einer etwas übers Bein bekam und sich verbrannte, hieß es nur: „Weitermachen!“ Der Arbeitgeber war schließlich ein Nazi.

Trotz kleiner Abwechslungen wurde das Leben im Lager unerträglich, besonders im Winter. Die Pumpen froren ein, wir mußten das Wasser zu Fuß aus Marzahn holen, über den längeren Weg selbstverständlich. Diphterie, Scharlach und Tuberkulose griffen um sich, und immer mehr Babys starben. Auch die Kinder wurden zunehmend zur Zwangsarbeit herangezogen. Auf den Rieselfeldern mußten sie Unkraut jäten, Steine sammeln und Kraut oder Kartoffeln ernten.

An einem Tag im Juni 1938 hieß es um fünf Uhr morgens wieder: „Aufstehen! Fertigmachen!" Die Polizei durchkämmte Wagen für Wagen. Die arbeitsfähigen Männer über 14 Jahren wurden auf Lastwagen getrieben – unter ihnen auch Onkel Karl, Onkel Siegfried, mein Vater und sein Bruder Paul. Ich hatte Glück, daß man mich nicht fand. Ich weiß nicht, ob ich auch auf den Listen der Polizisten stand. Mit meinen 14 Jahren war ich ein Grenzfall. Aber darauf ließ es Großmutter nicht ankommen und versteckte mich.

Die Männer wurden ins KZ Sachsenhausen deportiert, wo sie in SS-Betrieben arbeiten mußten, oder in andere Lager weitertransportiert. Wir wußten zunächst nicht, wo sie hingekommen waren. Erst als Onkel Karl einen Brief durchschmuggelte, erfuhren wir, daß die Männer sich im Konzentrationslager befanden – und daß wir eines Tages auch dran sein würden.

Die Verhaftungen im Juni waren im gesamten Reichsgebiet als „Aktion gegen Asoziale" deklariert. Bereits im April 1938 hatte der Reichsinnenminister in einem Erlaß „Landfahrer (Zigeuner)" pauschal zu „Asozialen" erklärt, auch wenn sie über ein ausreichendes Einkommen verfügten und nicht vorbestraft waren. Am 8. Dezember 1938 sorgte ein weiterer Erlaß dafür, daß man für unsere Verfolgung und Vernichtung keine Gründe mehr angeben mußte. Der Reichsführer-SS und Chef der Polizei Heinrich Himmler ließ erklären, daß die „Zigeunerfrage aus dem Wesen der Rasse" zu regeln sei. Ritter und Konsorten hatten ganze Arbeit geleistet, ihre Datensätze bildeten die Grundlage für die Feststellung der „Zigeuner"zugehörigkeit.

Ich habe meinen Vater seit dem Tag des Abtransportes nicht mehr gesehen. Lange blieb sein Schicksal ungewiß. Erst nach dem Krieg traf ich einen Mithäftling von ihm und erfuhr, daß er seine letzten Monate ganz in der Nähe von dem Ort verbrachte, an dem ich heute wohne: im ehemaligen U-Boot-Bunker „Valentin" in Bremen-Farge. „Dein Vater und ich waren Häftlinge im Konzentrationslager Neuengamme. Wir wurden abkommandiert, um den U-Boot-Bunker 'Valentin' zu bauen. Dort fand Peter ein Feuerzeug und steckte es ein. Er war schon sehr schwach und wurde mit anderen arbeitsunfähigen Männern ins Konzentrationslager Neuengamme zurückgebracht. Sie hatten ihn gefilzt und das Feuerzeug gefunden. Man band ihm die Hände auf dem Rücken zusammen und hängte ihn an einen Haken. Das hat er nicht überlebt."

Nach dem Abtransport der Männer lebten wir in ständiger Unsicherheit. Was passiert als nächstes? Wann holen sie uns? Abhauen ging nicht. Wenn man zum Bahnhof gegangen wäre, hätte man uns gleich geschnappt. Die Stadt war voller Denunzianten. Außerdem besaßen wir gar kein Geld für eine Fahrkarte. Wo sollte man denn auch hin, wir wurden mittlerweile überall verfolgt.

Ich war mit meinen 14 Jahren nun der Mann in der Familie, der Ernährer. Mit den Vergnügungen war endgültig Schluß, es ging nur noch darum, meiner Mutter zu helfen, die Geschwister satt zu kriegen. Geredet wurde nicht viel über die Gefahr, später gab es auch Spitzel. Einige Lagerbewohner wurden gezwungen, mit der Polizei zusammenzuarbeiten. Einer nutzte das aus: „Wenn ihr Schmuck habt oder Geld, dann sorge ich dafür, daß ihr nicht ins KZ kommt", soll er gesagt haben. Nach dem Krieg lieferten überlebende Sinti ihn den Sowjets aus.

In ihrem Rassenwahn unterschieden die Nazis zwischen „Zigeunermischlingen" und „reinrassigen Zigeunern". Von letzteren wollten die Rasseforscher ein paar „Exemplare" als Objekt wissenschaftlicher Forschung erhalten. Nun arbeiteten sie aber so gründlich, daß sie in jeder „Zigeuner"-familie auch Verbindungen zu „Nicht-Zigeunern" feststellen mußten, egal wie lange diese zurücklagen. Woher also die „reinrassigen" Exoten nehmen, die man für die Nachwelt aufbewahren wollte? Das Reichssicherheitshauptamt ernannte 1942 über Deutschland verteilt neun sogenannte „Sprecher", die bestimmen sollten, wer zu den „Reinrassigen" zählen sollte. Sie bekamen damit die Macht, über Leben und Tod zu entscheiden – ob sie wollten oder nicht.[4] Zwei dieser „Sprecher" wohnten mit ihren Familien in Berlin Marzahn – und überlebten. Meine geliebte Cousine Elisabeth hat in Marzahn in eine dieser Familien eingeheiratet. Sie wußte ja nicht, was hinter den Kulissen vorgegangen war.

Anfang der 1940er brachte ein Lagerpolizist die Vorladung zur Musterung. Obwohl das Oberkommando der Wehrmacht schon 1937 den Ausschluß aller Sinti und Roma aus „rassischen Gründen" verfügt hatte, griff man in den ersten Kriegsjahren wieder auf viele von uns als Kanonenfutter zurück. Später wurden dann fast alle, die nicht im Krieg umgekommen waren, wieder entlassen und nach Auschwitz deportiert. Mutter verzweifelte: „Jetzt müssen auch noch unsere Kinder in den

Krieg!" Bei der Musterung in der Invalidenstraße mußte ich mich nackt ausziehen und wurde auf Herz und Nieren untersucht. „KV 2" hieß es: „kriegsverwendungsfähig." Ich fürchtete täglich meine Einberufung – sie kam nicht.

„Einberufen" wurde ich dagegen zu einer anderen Aktivität. Es erschienen Leute aus den Babelsberger Filmstudios auf dem Platz und suchten nach Statisten für einen Film. Vorsprechen mußten wir nicht, es ging nur um unser Aussehen. Wer den Spähern gefiel, erhielt fürs Mitmachen 20 Reichsmark. Wir wurden ein paar Tage lang jeden Morgen mit dem Bus abgeholt und auf das Studiogelände gefahren. Man zog uns seltsame Gewänder an, setzte uns komische Hüte auf und gab uns Gewehre in die Hand. Dann mußten wir uns hinter eine Hecke stellen und auf heranstürzende Soldaten schießen. Der Film hieß „Anschlag auf Baku", ein Abenteuer- und Spionagefilm mit Willy Fritsch und René Deltgen in den Hauptrollen. Wir spielten die Türken.

Als Spanier dagegen wurden die Roma und Sinti ausstaffiert, die sich Hitlers Lieblingsregisseurin Leni Riefenstahl später für ihren Film „Tiefland" nach Babelsberg bringen ließ, unter anderem Robert Adler. Auch Paul Hanstein, der Zwillingsbruder meines Vaters, mußte an dem Film mitwirken, den Hitler persönlich mitfinanzierte. Für die in den Alpen gedrehten Szenen wurden Roma und Sinti aus dem Salzburger Lager Maxglan zu den Dreharbeiten geschleppt. Die Regisseurin und Hauptdarstellerin Leni Riefenstahl, die auch über die Olympischen Spiele und die Reichsparteitage Jubelfilme drehte, besaß selbst nach dem Krieg nicht den Anstand, sich zu ihrer Schuld zu bekennen. Sie rechtfertigte die Erniedrigung der von ihr mißbrauchten Sinti und Roma noch im Jahr 2002 damit, daß diese später angeblich nicht nach Auschwitz gekommen seien. Erst auf juristischen Druck hin nahm sie die Behauptung zurück.

Anfang der 1940er Jahre begannen die Bombenangriffe auf Berlin. Die Häftlinge in Sachsenhausen wurden aufgefordert, sich freiwillig zu melden, um Blindgänger zu suchen und zu entschärfen. Der Preis für die Rückkehr nach Marzahn war hoch – viele sind durch Detonationen getötet worden. Auch meine Onkel Karl und Siegfried kamen zurück: die Zähne eingeschlagen, das Gesicht eingefallen, überall abgemagert – ich habe Karl Dewüs, den einst stattlichen Mann mit dem stolzen

Schnauzbart, kaum wiedererkannt. Über das Lager hat er nicht viel erzählt, nur vom Bombensuchen und vom Hunger. Auf Vater warteten wir vergeblich.

Blindgänger durften unsere Leute entschärfen, zu den Luftschutzbunkern hatten wir jedoch keinen Zutritt. Wenn die Sirenen losgingen, während wir in der Stadt bei der Arbeit waren, sind auch wir gelaufen. Aber die Aufpasser von Werkschutz oder Polizei erkannten uns an den dunklen Haaren und wiesen uns ab: „Zigeuner und Juden kommen hier nicht rein." Der einzige Schutz, der uns blieb, waren die U-Bahnhöfe. In Marzahn gab es ohnehin keinen Bunker. Wir hoben Gräben aus, in die sich viele legten.

Ende 1942 übernachtete ich bei einem Onkel in Berlin, der den Nazis bis dahin durch die Finger gerutscht war und mit seiner Familie in einer normalen Wohnung in der Linienstraße in der Nähe vom Alexanderplatz lebte. Wir wachten durch einen fürchterlichen Krach auf, ein Luftdruck riß uns aus dem Bett. Die Wände wackelten bedrohlich, der Putz rieselte von der Decke. Die drei Nachbarhäuser waren dem Erdboden gleich gemacht worden. Wir zitterten vor Angst und rechneten jede Sekunde damit, ebenfalls weggebombt zu werden. Im Dunklen haben wir den Rest der Nacht in der Ecke gekauert und am nächsten Morgen drei Kreuze gemacht.

Im Untergrund

Ungefähr zur selben Zeit bin ich aus dem Lager in Marzahn getürmt und ganz bei meinem Onkel untergetaucht. Das hatte verschiedene Gründe. Die Spannungen im Lager nahmen zu, und ich geriet in Konflikte, denen ich lieber aus dem Weg ging. Der Hauptgrund war aber, daß die Gefahr immer größer wurde, deportiert zu werden. Ich hatte über die Familie Trollmann „Strudel" kennengelernt, der mit seiner Oma in einer Kellerwohnung zusammenlebte und mit einer Gadschi liiert war. Strudel war ein cleverer Bursche und kannte sich gut aus. „Wir kommen alle ins Lager", sagte er. Ich weiß nicht, ob er von dem sogenannten Auschwitz-Erlaß gehört hatte, in dem Heinrich Himmler am 16. Dezember 1942 die Deportation der im Reichsgebiet verbliebenen Sinti und Roma nach Auschwitz verfügte.

An den Tag Anfang März 1943 erinnere ich mich noch wie gestern. Ich fuhr von der Arbeit nach Marzahn, um meine Familie zu sehen und etwas Geld vorbeizubringen. Das Lager war leer – bis auf die zwei Wagen der von den Nazis ausgewählten „Sprecher". Man erzählte mir, daß die Polizei die Insassen am frühen Morgen zusammengetrieben hatte. Die Männer konnten anhand von Listen kontrollieren, wen sie mitnahmen und wer ihnen entwischt war. Familienweise brachte man die Sinti und Roma auf LKW's zum Alexanderplatz. Von dort gingen in den nächsten Tagen die Transporte ab. In diesen ersten Märztagen deportierten die Nazis über 13 000 Frauen, Männer und Kinder unserer Minderheit in Güterwaggons der Deutschen Reichsbahn in das Vernichtungslager Auschwitz-Birkenau. Um keinen Aufruhr zu erwecken, erzählten sie, die „Zigeuner" sollten im Osten neu angesiedelt werden.

Elisabeth berichtete, daß auch Onkel Siegfried auf den Platz kam, als man die Familie gerade verschleppt hatte. Er wollte zu seinen Eltern und Geschwistern. „Ich muß Mama und die Mädchen retten", erklärte er und stellte sich freiwillig im Polizeipräsidium, um nach Auschwitz zu gelangen. Die Nazis erfüllten ihm den Wunsch – retten konnte er niemand.

Nun wurde das Leben im Berliner Untergrund noch gefährlicher. Wenn ich abends von der Arbeit zurückkehrte, traute ich mich nicht mehr auf die Straße. Es gab zwar auch eine Reihe Italiener in Berlin, aber mit meinem Aussehen war ich trotzdem sofort verdächtig. Die Gestapo machte Jagd auf die untergetauchten Sinti in der Stadt. Auch mich suchten sie, wir waren alle registriert, und sie wußten alles über uns.

Als Illegaler bekam ich keine Lebensmittelkarten und war auf die Hilfe meines Onkels angewiesen. Aber als ich eines Abends in die Linienstraße kam, blieb er mit seiner Familie verschwunden, von den Nazis aufgestöbert und nach Auschwitz verschleppt. „Ich bring dich zu Gadsche", munterte mich Strudel auf, der sich mit seiner Oma noch versteckt hielt. Die Eltern seiner Freundin waren Antifaschisten und nahmen mich auf. Ich schlief unter dem Dach in einem Abstellraum. Als ich ein paar Tage später Strudel, meinen Retter, besuchen wollte, war die Kellerwohnung leer. Ich habe ihn nie wiedergesehen.

Ich freundete mich mit Christel an, der Schwester von Strudels Freundin. Sie war sehr besorgt um mich und riet mir: „Färbe dir doch die Haare!" Abends trieb ich mich in den Arbeiterkneipen am Alexanderplatz herum und tauschte Zigaretten gegen Lebensmittelkarten. Ich mußte höllisch aufpassen; die Gegend wimmelte von Gestapo und Kripo in Zivil. Um nicht in eine Falle zu laufen, machte Christel meist vorher einen zuverlässigen Kontakt klar. Die Lebensmittelkarten durfte ich natürlich nicht selbst einlösen – auch das übernahmen Christel und ihre Familie für mich.

Trotz ihrer Unterstützung konnte ich mich in der Illegalität nur so lange halten, weil auch mein Arbeitgeber mich deckte. Aus der Wachsproduktion war ich glücklicherweise längst entlassen worden. Nach einem Zwischenspiel in einer Fabrik, die Filmdosen reinigte, landete ich bei der Firma Hamut in der Neuköllner Panierstraße. Wir stellten Zahnpulver und Zahnpasta für die Wehrmacht her – auch meine Cousine Elisabeth, die weiterhin bei der in Marzahn verbliebenen Familie lebte, arbeitete hier. Wir mußten Zahnpasta in Tuben füllen oder Pulver anrühren und verpacken.

Der Chef war zwar in der Partei, mir gegenüber aber gut gestellt. Er wußte, wer ich war und daß ich gut tanzen konnte. Und er hatte eine Tochter, deren größter Wunsch es war, steppen zu lernen. Abends ließ er mich nach der Arbeit in seine große Villa fahren, wo er mich in einen großen Raum führte. Unter der strengen Aufsicht der Eltern zeigte ich der Tochter des Hauses die ersten Schritte. Als Gegenleistung erhielt ich neben dem Lohn ein paar Lebensmittel extra. Auch bei der Arbeit gab der Chef mir oft von seinem Essen ab: geröstete Pellkartoffeln mit Schinkenresten. Vor allem aber blieb ich dank meines Arbeitgebers ein paar Wochen länger unentdeckt. Er sorgte sogar dafür, daß ich sicher nach Hause kam. Sein Schwiegersohn in spe, ein spanischer Faschist, sah es natürlich nicht gern, wie begeistert seine Verlobte sich von mir über das Parkett führen ließ. Aber er hielt still.

Nicht allen gefiel meine bevorzugte Rolle. In der Firma arbeitete auch ein Holländer. Eines Tages hantierte er mit großen Ballonflaschen vor mir herum. „Riech mal dran“, forderte er mich auf. Naiv, wie ich war, tat ich es. Mir wurde schwindelig, und ich fiel um. Er hatte mir irgendeine Säure verabreicht. Natürlich war ich wütend und beschimpfte ihn. Keine Ahnung, was ich ihm sagte; jedenfalls schlug er mich auch noch.

Am nächsten Morgen saß ich gerade beim Frühstück. Elisabeth und ihre Schwägerin organisierten beim Bäcker alten

Kuchen. Kurz nach neun erschien die Gestapo: „Hanstein, mitkommen, Protokoll unterschreiben!“ Sie erkannten mich gleich, hatten sogar ein Foto von mir. Heute glaube ich, daß der holländische Arbeitskollege mich verraten hat. Die Polizisten brachten mich zu Karstens „Zigeunerdezernat“ am Alexanderplatz. Bis zum Kriegsende sollte ich die Freiheit nicht wiedersehen.

Auschwitz

Transport

Im „Zigeunerdezernat“ wurde ich von zwei Gestapo-Männern in Zivil vernommen. Wieder mußte ich über meine Familienverhältnisse Auskunft geben, obwohl sie längst alles wußten. Sie legten mir ein Schriftstück zum Unterschreiben vor. Zum ersten Mal las ich den Ortsnamen, der wie kein zweiter für Schrecken und Verbrechen steht. „Schutzhaftlager Auschwitz“ war auf dem Schriftstück als Bestimmungsort angegeben. „Ich habe nichts verbrochen“, sagte ich und weigerte mich zu unterzeichnen. Die Lebensgeister regten sich noch. Nach einigen Schlägen sperrten mich die Polizisten in das Gefängnis am Alexanderplatz.

Vierzehn Tage lang sammelte die Polizei Juden, Antifaschisten und andere Feinde der Nazis zum Abtransport nach Auschwitz. In der Zelle lernte ich zwei Sinti kennen, Herrn Weinlich und Fritz Strauss, der später auch in Bremen gelandet und dort verstorben ist. Wir tauschten Informationen über den Verbleib unserer Familien aus und überlegten, welches Schicksal uns wohl blühte. Mit dem Namen Auschwitz verbanden wir nichts, nur daß der Ort in Polen liegen sollte, sickerte durch. Daß man uns dort ansiedeln würde – an diese Mär glaubte allerdings niemand mehr. Wir waren auf alles gefaßt – nur nicht auf etwas Gutes.

Am 22. Mai 1943 legten uns Polizisten Handschellen an und brachten uns zum Schlesischen Bahnhof. Daß ich das Datum so genau wiedergeben kann, verdanke ich einem großen Zufall. Als Mitglied des Häftlingsbeirates der Gedenkstätte Mittelbau-Dora besuche ich das Konzentrationslager regelmäßig. Vor einigen Jahren lernte ich dort den Berliner Juden Willi Frohwein kennen, der wie ich zu den ehemaligen Dora-Häftlingen zählt. Als wir uns wieder einmal austauschten, schilderte Willi, wie er vom Alexanderplatz aus nach Auschwitz deportiert worden ist. Einige Details sprachen dafür, daß wir auf dem selben Transport gewesen sind, ohne uns aneinander erinnern zu können. Da er ein wesentlich besseres Zahlengedächtnis hat als ich, kenne ich seitdem das genaue Datum meiner Deportation nach Auschwitz. Willi Frohwein ist wie ich bis heute als Zeitzeuge an Schulen tätig und hat seine Memoiren ebenfalls veröffentlicht. Gemeinsam haben wir unsere wenigen Erinnerungen an die Tage des 22. und 23. Mai 1943 zusammengetragen.

Am Schlesischen Bahnhof steckte man uns in einen Zellenwagen bzw. Gefangenentransporter. In seinem Waggon hat Willi Frohwein 115 Gefangene gezählt. Als der Zug sich in Bewegung setzte, besaßen wir nur noch das, was wir am Körper trugen. Alles andere hatte man uns abgenommen. Die Juden wußten ebenfalls nicht viel mehr, als daß es nach Polen gehen sollte, ahnten aber auch den Schrecken, dem wir zurasten. Ein Mann namens Hirsch mit einem Arm in Gips gab mir seine Papiere und sagte: „Nimm, ich komme nicht wieder."

Am Abend des ersten Tages erreichten wir eine Stadt. Als ich das Bahnhofsschild sah, durchfuhr mich das erste Mal seit langer Zeit ein Gefühl von Freude. Nach sieben Jahren war ich wieder in Breslau, meiner geliebten Heimatstadt. Unsere Bewacher steckten uns in eine dunkle Kellerzelle. Ich konnte nicht einmal ausmachen, in welchem Stadtteil wir uns befanden. Aber die Nähe zu meinen Wurzeln gab mir Mut und Kraft zurück. Ich spürte, daß es vielleicht meine letzte Chance war, das Schicksal noch einmal in die eigene Hand zu nehmen. Ich malte mir aus, wo wir untertauchen konnten, und so beschlossen Weinlich, Strauss und ich auszubrechen.

Durch eine Kellerroste sahen wir den Fußweg. Das Gitter war nicht das Problem, aber die Polizei patrouillierte auf und ab. Wir berechneten den besten Zeitpunkt für den Ausbruch und waren fest entschlossen, das Risiko einzugehen. Doch unser Zellengenosse Hirsch verlor die Nerven und schrie vor Angst. Ich kann ihm dafür nicht böse sein. Wir aber mußten annehmen, daß die Polizei vorgewarnt war und gaben unseren Plan auf.

Morgens um sechs hieß es: „Auf, auf!" Man gab uns ein Stück Brot, und dann ging es nach Auschwitz. Willi Frohwein erinnert sich an den Ausspruch eines Gefangenen in Sträflingskleidung, der in Breslau mit in den Waggon kam und Auschwitz bereits kannte: „Ihr Juden braucht euch gar nicht einbilden, daß ihr in Auschwitz älter als vierzehn Tage werdet."

Größter Friedhof der Welt

Die Nazis waren gründliche Menschen: sie registrierten jeden Häftling, der im „Zigeunerlager" Auschwitz-Birkenau eintraf. Im Sommer 1944 erfuhr der polnische Häftling und Rapportschreiber Tadeusz Joachimowski, daß die verbliebenen Insassen getötet werden sollten. Indem er zumindest die Namen der Toten zu retten versuchte, begab er sich selbst in Lebensgefahr. Er umhüllte die „Hauptbücher" heimlich mit Stoffen, steckte sie in einen Eimer und vergrub sie. 1949 führte er die Mitarbeiter des Staatlichen Museums Auschwitz-Birkenau zu der betreffenden Stelle. Das Museum veröffentlichte später die vollständig erhaltene Liste gemeinsam mit dem Dokumentations- und Kulturzentrum der deutschen Sinti und Roma. Das „Gedenkbuch" enthält die Namen von nahezu 21 000 Sinti und Roma aus elf Ländern Europas. Die meisten wurden ermordet. Von den 30 Hansteins und Dewüs, die in dem Buch aufgeführt sind, haben nur Adelheid und ich überlebt.

Elisabeth Hanstein, Erwin Hanstein, Ewald Hanstein… – Ich kann nicht weiter. Eigentlich halte ich mich für hartgesotten – aber diesen Moment ertrage ich nur schwer. Das erste Mal seit langem kommen mir die Tränen. An einem Novembertag 2003 stehe ich vor der fast endlosen Namensliste, die seit 1998 an einer Längswand der Ausstellung „Der nationalsozialistische Völkermord an den Sinti und Roma" verewigt ist. Meine Augen sind schwach. Meine Frau Rosita liest die Namen vor. Gerda Hanstein, Gertrud Hanstein, Gregor Hanstein…

Ich war schon mehrmals in der Gedenkstätte Auschwitz und habe schon vielen Menschen von meinen Erinnerungen erzählt, aber jetzt bin ich überwältigt. Wir verehren unsere Toten, ihre Namen sind uns heilig. Es fällt so schwer, sie auszusprechen und zu hören. Ich muß raus.

Später nehme ich meine Kraft zusammen und fahre mit Rosita vom Hauptlager weiter nach Auschwitz-Birkenau. Es regnet. Glücklicherweise haben wir vom Leiter der Gedenkstätte, Waclaw Dlugoborski, die Genehmigung erhalten, mit dem Auto auf das riesige Gelände zu fahren. Sogar den Schlüssel zum Eingangstor hat er uns mitgegeben. Eigenhändig öffne ich das Tor des Vernichtungslagers Auschwitz-Birkenau – das hätte mir vor sechzig Jahren einmal jemand prophezeien sollen! Während im Hauptlager die meisten Gebäude erhalten sind, existiert in Birkenau nur noch ein weites zugiges Feld. Zäune und Schornsteinruinen bis zum Horizont. Für mich ist es der größte Friedhof der Welt. Die Zäune stehen noch genauso akkurat da wie vor sechzig Jahren. Die Holzbaracken und Krematorien sind von der SS gesprengt worden, als die Sowjet-Armee anrückte. Lediglich die Steinbauten des Frauenlagers sind noch erhalten.

Wir fahren auf der Spur der ehemaligen Bahnrampe am Frauenlager vorbei und lassen den Wagen nach ein paar hundert Metern am Eingang zum Bauabschnitt B II E stehen, dem „Zigeunerlager". Von den Häftlingsbaracken auf beiden Seiten der Straße stehen nur noch Reste der Kamine, aber auf kleinen Schildern sind die ehemaligen Nummern angegeben. Von Block 31 bis 1 gehen wir in Richtung des alten Eingangs und kehren zurück zu der Stelle, an der heute eine Gedenktafel an unsere Toten erinnert. Rosita und ich zünden eine Kerze an.

Irgendwie fühle ich mich erleichtert. Ausgerechnet an dem Ort und an der Stelle, wo ich mit meiner Familie inhaftiert gewesen bin, geht es mir besser. Vielleicht sind es die Toten, die mir jetzt die Kraft geben. Ich sehe sie vor mir und weiß, daß sie in Gottes Hand sind. Auf dem Rückweg zum Auto bricht die Sonne durch. Ich beginne mich zu erinnern.

Ankunft

Von Breslau aus fuhr unser Zug weiter. Irgendwann waren die Ortsschilder an den Bahnhöfen in deutscher und polnischer Sprache aufgeführt. Meine Gefühle widersprachen sich. Nach allem, was wir erlebt und gehört hatten, blühte mir nichts Gutes in dem mir unbekannten Auschwitz. Andererseits war ich mir sicher, meine Familie wiederzusehen. Ich würde wieder auf meine Mutter und Geschwister aufpassen können. Wie dem auch sei, ändern ließ sich ohnehin nichts; ich nahm mir vor, das Beste daraus zu machen.

„Oswiecim/Auschwitz". Kurz nachdem wir am Abend den Bahnhof passierten, hielt der Zug. Das Lager Auschwitz-Birkenau liegt ca. 3 km nordöstlich vom Hauptlager entfernt. In der Mitte stand die Rampe, an der die Transporte selektiert wurden. Erst 1944 wurden die Gleise bis ins Lager Birkenau verlängert. Willi Frohwein, der ins Hauptlager kam, erinnert sich an die Ankunft: „Wir waren wieder zwischen hundertzehn und hundertzwanzig Leute, auch ältere und nicht mehr ganz so arbeitsfähige. Wir wurden auf freier Strecke ausgeladen und von der SS in Richtung Lager gejagt und wir jungen, die flott laufen konnten, sind vorne weg. Die SS-Männer waren nicht zimperlich, mit dem Gewehrkolben zuzuschlagen. Als wir dann vor dem schönen Lagertor mit der Aufschrift 'Arbeit macht frei' ankamen, standen wir nur noch zu zehn Mann. Die anderen sind bestimmt nach Birkenau ins Vernichtungslager gekommen."[5]

Meine Erinnerung an die Ankunft ist unscharf. Ich versuche, die verschwommenen Bilder zusammenzusetzen. Endlich raus aus dem engen, dunklen, stinkenden Waggon! Zum ersten Mal sah ich die SS-Männer in den grauen Uniformen mit den Totenkopf-Mützen und kläffenden Bluthunden. Sie trieben uns aus dem Waggon auf die Rampe. Viele meinen ja, für die Vernichtung in den Konzentrationslagern sei nur die SS verantwortlich gewesen. Von unserer Verfolgung in Berlin bis zur Ankunft in Auschwitz hatten ganz normale Polizisten und die Gestapo das schmutzige Geschäft erledigt.

Ich blickte erwartungsvoll um mich. „Wo sind meine Geschwister? Wo sind Mutter und Großmutter?" Ich sah nur Stacheldraht über Stacheldraht. Dahinter Dächer über Dächer – ein Meer aus Baracken.

Nach dem ersten Schock suchte ich Halt in der Nähe. Weinlich und Strauss waren noch da, wenigstens das. Mit uns drängten sich noch über hundert andere Häftlinge auf der Rampe. Niemand wagte, einen Laut von sich zu geben. Im Zug hatten wir uns noch unterhalten können, jetzt bestrafte man den kleinsten Mucks mit dem Gewehrkolben. Wer überleben will, darf nicht auffallen – diese Lektion lernten wir vom ersten Augenblick an. Die SS wurde unterstützt von Männern in Häftlingskleidern, die eine schwarze Armbinde trugen, auf der „Kapo" stand.

„Reichsdeutsche raus", brüllte einer der SS-Männer. Wie andere traten auch Weinlich, Strauss und ich nach vorn. Wir wußten nicht, daß man uns bereits für staatenlos erklärt hatte. Am Alexanderplatz waren uns alle Papiere abgenommen worden. „Wo kommt ihr denn her?" – „Aus Berlin."

„Seid ihr Deutsche?" – „Ja."

„Was seid ihr denn?" – „Zigeuner."

„Auf euch haben wir gewartet!“ Arbeitsfähige nach rechts, die anderen nach links! Die Gewehrkolben und Hunde gaben die Richtung an. Zu den Kindern, Alten und Gebrechlichen sagte man: „Ihr geht zum Duschen!“ Damals wußte ich noch nicht, was damit gemeint war. Der arme Herr Hirsch gehörte aufgrund seiner Verletzung zu den ersten, der in die Gaskammer geschickt wurde.

Die SS-Leute trieben uns in Richtung des Barackenmeeres. Erst langsam nahm ich die Menschen wahr – es waren unvorstellbar viele, die hinter den Zäunen und zwischen den Gebäuden standen oder lagen. Einzelne Gestalten oder Gesichter konnte ich nicht voneinander unterscheiden. Was auch immer ich mir unterwegs ausgemalt hatte, das hier war schon auf den ersten Blick die Hölle. Ich versuchte hinter dem Stacheldraht vertraute Züge zu erkennen. Und tatsächlich meinte ich hinter einem Zaun hunderte Sinti und Roma zu erkennen, fast alles Frauen und Kinder. Sie schrien und guckten uns neugierig an: „Wer kommt denn da?“ Wie ich später erfuhr, verbreitete es sich wie ein Lauffeuer durch das „Zigeunerlager“: „Der Ewald ist auch dabei!“ Man konnte mich leicht erkennen, ich hatte noch Haare, meinen Anzug und ein paar Pfund auf den Rippen. Sie aber sahen aus der Entfernung in ihrer Häftlingskleidung, den geschorenen Haaren oder dem Kopftuch alle gleich aus: elend, abgemagert, todunglücklich.

Ich hatte Glück und kam mit den anderen Arbeitsfähigen nicht unter die tödliche Dusche, sondern in die sogenannte Sauna. Der Nazisprache zufolge befanden wir uns auf einem vergnüglichen Ausflug: Vom „Rastplatz“ über die „Sauna“ ins „Familienlager“! Die „Sauna“ war in Wirklichkeit so etwas wie eine Desinfektionsanstalt. Ich mußte alle Kleidungsstücke ablegen und wurde von Mithäftlingen zunächst geschoren wie ein Lamm. Vom Kopf über die Achseln bis zum Geschlechtsteil runter blieb kein Haar übrig. Danach jagte man mich durch ein Bassin mit blauem Wasser, dessen Geruch in Augen und Nase ätzte und das fürchterlich auf der Haut brannte.

„Los, lauft rüber in die Baracke!“ Wir waren splitternackt. Doch die Kälte an diesem Tag war mir egal. Viel schlimmer war, daß ich an Frauen und Kindern vorbei mußte. Eine größere Demütigung war kaum vorstellbar. Ich versuchte mich mit den Händen zu schützen und rannte so schnell wie möglich. Es half nichts, ich schämte mich zu Tode. In der Baracke war die Kleiderkammer untergebracht, wo ich die blaugrau gestreifte Häftlingskleidung erhielt: ein Hemd, eine Unterhose, eine Hose, eine Jacke und Holzschuhe. Strümpfe gab es nicht. Das Hemd zierte ein schwarzer Winkel, der soviel wie „arbeitscheu“ bedeuten sollte. Zum Schluß tätowierte mir ein Häftling mit einem Füllfederhalter eine Nummer in den Arm: Z 8181.

Von hier aus ging es ins „Zigeunerlager“. Die ersten Tage blieb ich wie jeder Neuankömmling, der nicht gleich vergast wurde, in Quarantäne. Ich durfte die Baracke nicht verlassen, lag den ganzen Tag auf der Pritsche und dämmerte vor mich hin. Ich traf niemanden, den ich kannte. Ich war zwar ganz in der Nähe meiner Familie, konnte sie aber nicht sehen.

„Zigeunerfamilienlager“

Das „Zigeunerlager“ in Auschwitz-Birkenau unterschied sich von den anderen Lagerabschnitten dadurch, daß die Familien hier zusammenblieben – das heißt, was von ihnen übrig geblieben war. In den anderen Konzentrationslagern wurden die Geschlechter grundsätzlich getrennt. In Birkenau richtete man auch für einen Teil der jüdischen Häftlinge ein Familienlager ein. Es hieß „Theresienstadt“, nach dem Ghetto bei Prag, aus dem man die meisten Insassen hierher deportiert hatte. Über die Einrichtung des „Zigeunerlagers“ gibt es heute verschiedene Ansichten. Einige Historiker gehen von ganz pragmatischen Erwägungen des Reichssicherheitshauptamtes aus, das zu große Probleme erwartete, wenn die Familienverbünde auseinandergerissen würden. Andere sehen darin eine Tarnmaßnahme der Nazis, die der Welt vorgaukeln wollten, daß die Internierung nur vorübergehend sei. Tatsächlich waren alle Sinti und Roma – aus welchen Teilen Europas auch immer man sie verschleppt hatte – zur Ausrottung bestimmt.

Das „Zigeunerlager“ befand sich zwischen dem Häftlingskrankenbau und dem Männerlager. An beiden Seiten der Lagerstraße standen jeweils 20 Baracken. Die meisten waren umgebaute Ställe, die für 52 Pferde gedacht waren, in denen nun aber bis zu 800 Menschen Platz finden mußten. Daneben gab es noch die sogenannten Funktionsgebäude, wie Küchen, Krankenbauten, Latrinen und Waschräume.

Der Eingang lag an der Seite zur Straße. Der Fußboden war aus Lehm. In der Mitte der Häftlingsbaracken lief ein 25 m langer geziegelter Rauchabzug von der Feuerstelle auf der einen zum Schornstein auf der anderen Seite des Blockes zu. Der Kamin diente als Sitzbank und Tisch. Angeblich sollte man da heizen können, aber es gab nichts zum Heizen, kein Holz, keine Kohle, nichts. Im Winter war es immer kalt. Links und rechts davon standen dreistöckige Holzverschläge. In jeder Etage lagen drei, manchmal vier Personen. Eine Buchse war ungefähr 2 m breit und 3 m hoch, meist je von einer Familie belegt, manchmal aber auch von Fremden, je nachdem, wie sie der Blockälteste zusammenpferchte. Wir besaßen einen Strohsack und eine grobe Decke zum Zudecken. Fenster gab es nicht, nur Lüftungsklappen. Wenn man von der Straße in die Baracke kam, saß rechts der Blockälteste. Er verfügte über ein richtiges, abgetrenntes Zimmer.

Die Lagerabschnitte waren mit Stacheldrahtzäunen von einander getrennt. Immer zwei Zäune hintereinander, geladen mit 6000 Volt und einem Graben in der Mitte. Im angrenzenden Abschnitt befand sich ein Häftlingskrankenbau, der aber den Platz nicht ganz ausfüllte, so daß wir vom „Zigeunerlager" aus einen guten Blick auf die Anlagen dahinter hatten: die Krematorien mit den Gaskammern und den großen Schornsteinen.

Auch nach der Quarantäne konnte ich nicht sofort zu meiner Familie, da man mich sofort einem Arbeitskommando zuteilte. Abends nach neun durfte keiner mehr auf die Straße, es war Lagersperre. Aber direkt nach der Arbeit und am Wochenende war es erlaubt, daß wir uns im Lager bewegen. Ich fand meine Leute im Block 23. Mutter, Großmutter, meine Geschwister und die Cousinen. Zuerst war die Freude groß. Wir setzten uns auf den kalten Kaminschacht; sie hielten mich in ihren dürren Armen, weinten, und auch ich habe geweint. „Wo sind Gertrud und Ramona?" fragte ich. Sie waren dem Typhus zum Opfer gefallen und nicht mehr am Leben. Genau wie Gertruds Kind, das in seinem kurzen Leben nur Marzahn und Auschwitz kennengelernt hatte.

„Jetzt bin ich ja bei Euch." – „Ach, Ewald, hätten sie dich doch nicht erwischt. Hier kommen wir nicht wieder raus." – „Doch Mama, ich komme wieder raus. Das werden sie uns büßen! Dafür sorge ich." – Ein Schwur, den ich bis zu meiner Befreiung täglich hundertfach erneuerte.

„Was hast du gelernt?“ – „Schlosser“ log ich. Aber der Kapo teilte mich einem Arbeitskommando zu, das Planierarbeiten machte. Morgens um sechs erschien ein Rottenführer der SS, und der Blockälteste mußte uns draußen zum Appell antreten lassen. Es wurde geprüft, ob alle angetreten waren oder ob einer die Flucht ergriffen hatte. Stimmte die Zahl nicht, mußten wir warten, bis keiner mehr fehlte. Am schlimmsten war es im Winter. Auch die Häftlinge, die die Nacht nicht überlebt hatten, wurden mit nach draußen genommen, damit die Zahl stimmte. Danach ging es zur Arbeitsstelle, immer angetrieben und bewacht von zwei SS-Männern und einem Kapo.

Die Kapos waren genauso wie der Lagerälteste und die Blockältesten Häftlinge und von der SS als Aufseher eingesetzt. Der neutrale Ausdruck ist Funktionshäftling. Für mich waren sie Handlanger, die manchmal schlimmer als die SS selbst wüteten. Sie wohnten in anderen Baracken, hatten viele Vergünstigungen und beaufsichtigten die Arbeitskommandos, während die Blockältesten innerhalb der Gebäude zuständig waren. Sie gingen aber stets gemeinsam vor. Die Kapos trugen normale Häftlingskleidung. Einige von ihnen hatten noch ihre Haare auf dem Kopf.

Wir wühlten mit Schaufeln und Pickeln in der Straße. Andere Kommandos schufteten im Lager und bauten es weiter aus. Sogar neue Krematorien mußten die Häftlinge errichten. Da es nicht genug qualifizierte Maurer gab, gründete die SS im Hauptlager eine Maurerschule, in die sie hauptsächlich Jugendliche steckte, wie Julius Adler, der heute wie ich in Bremen lebt. Die Arbeit war hart, man schenkte uns nichts und ließ keine Schwäche zu. Schlimmer noch aber war die Unberechenbarkeit und Unerbittlichkeit der Antreiber, die uns wie Freiwild behandelten. Beim geringsten Anlaß wurde geschlagen oder geschossen, manchmal aus purer Lust gemordet. Ich erinnere mich an einen Jungen in meinem Kommando, der höchstens vierzehn Jahre alt war. Ein SS-Mann riß ihm die Mütze vom Kopf und warf sie über die Postengrenze. „Hol sie“, befahl der SS-Mann. Als der Junge sich umdrehte und gehorchte, traf ihn ein Schuß in den Rücken. „Auf der Flucht erschossen!“ hieß es. Jeden Tag gab es Tote. Ein Menschenleben zählte nichts.

Im Hauptlager begleitete eine Musikkapelle die Häftlinge zur Arbeit. Sie mußten in Fünfer-Reihen marschieren und dazu noch singen, obwohl es ihnen schlecht ging und sie kaum etwas zu essen hatten. Die Musik sorgte für den Gleichschritt. Auch in Auschwitz verfügte jede Berufsgruppe über absolute Spitzenleute, ob sie Architekten, Sportler, Wissenschaftler oder eben Musiker waren. Für die Kapelle suchte sich die SS die besten Musiker heraus – überwiegend Sinti, wie zum Beispiel den Vater von Schnuckenack Reinhard. Sogar einen Dirigenten wie im richtigen Orchester gab es. „Mit Musik geht alles besser“, war das Motto.

Auch ich erhielt für eine Woche eine neue Aufgabe. Hin und wieder kam ein jüdischer Häftling unter Bewachung in das „Zigeunerlager“, um etwas an der Elektrik zu reparieren. Ich bin ihm wohl angenehm aufgefallen, denn er setzte sich dafür ein, daß ich sein Helfer wurde. Ich mußte seinen Koffer tragen und lernte so auch andere Teile Birkenaus kennen, zu denen ich sonst nie Zugang erhalten hätte. Sprechen durfte ich mit niemandem. Ich erkannte, daß die Lage überall gleich hoffnungslos war.

1993 nahm ich mit einer Delegation vom Zentralrat Deutscher Sinti und Roma in Washington an der Eröffnung des Holocaust Memorial Museum teil. Viele Senatoren und andere hochrangige Politiker gaben sich ein Stelldichein. Plötzlich sprach mich einer der Anwesenden an. „Kennen wir uns nicht aus Auschwitz-Birkenau?“ Es war jener Elektriker. Leider trennten sich unsere Wege wieder, bevor er mir seinen Namen geben konnte.

Nach der Quarantäne kam ich in Block 8, wo ich auf Männer, Frauen und Kinder traf. Aus meiner Familie war niemand dabei. Doch mit wem lebte ich zusammen?

Nie zuvor bin ich mit so vielen Menschen auf engstem Raum zusammen gewesen; nachts in der Buchse rückten sich die fremden Körper unwillkürlich auf den Pelz, weil sie die einzige Wärme gaben; tagsüber – beim Appell, beim Marsch, bei der Arbeit – waren wir Teil eines Haufens, aus dem keiner herausfallen durfte, wollte er nicht auf der Strecke bleiben. Aber zu keinem dieser tausend Körper fällt mir ein Name, ein Gesicht oder eine Geschichte ein. Ich selbst war vom Tag meiner Ankunft in Auschwitz ohne Namen, Gesicht und Geschichte. Ich war Häftling Z 8181. Ein eigenes Leben gab es nicht. Die SS leistete ganze Arbeit. Ihre Gleichgültigkeit färbte auf uns ab. Nach kurzer Zeit schon waren einem die Mitmenschen egal. Man dachte nur noch an sein eigenes Leben: Wie komme ich hier raus, wie überlebe ich das?

So gleichgültig wie die Menschen wurden auch die Tage. Auch sie erscheinen mir im nachhinein wie eine eintönige Masse. „Hier gibt es keine 'Zeit' mehr," notierte Abel Herzberg in seinem Tagebuch aus Bergen-Belsen, „die Tage gehen vorüber, doch manchmal scheint es, als folge nicht einer dem anderen, sondern alle seien gleich, ein einziger Tag. Heute, gestern, morgen – alles ereignet sich zur gleichen Zeit."[6] Oder: „Raum und Zeit sind aufgehoben, der Mensch lebt vor dem Hintergrund des Nichts", klagte Philip Mechanicus in seinen Aufzeichnungen aus Westerbork. Herzberg charakterisierte das KZ Bergen-Belsen als „abscheulichen, trostlosen, schmutzigen Ort auf Erden... Da wächst kein Baum, keine Blume, nicht einmal Gras. Alles von der gleichen Farbe – der Farbe der Farblosigkeit." Und Heinrich Eduard vom Holt schrieb über Dachau: „Grau hängen die Tücher der Tage."

Nach der Arbeit waren wir so erschöpft, daß wir nur noch in unserer Buchse lagen und vor uns hinvegetierten. Die Frauen und Kinder saßen auf dem Rauchabzug, starrten ins Leere und schrieen nach Brot. Die täglichen Essensrationen verhinderten nicht, daß viele verhungerten. Morgens Kräutertee, mittags ein bißchen Rübensuppe und abends, bestenfalls, 250 Gramm Brot mit Margarine.

Nachts mußten wir uns nackt auf den klammen, kratzigen, stinkenden und verlausten Strohsack legen. Wenn man Pech hatte, wurde einem die Decke geklaut, und man verfügte über nichts mehr, um sich zu schützen. Wer trotzdem seine Kleidung anbehielt und vom Blockältesten erwischt wurde, mußte mit „25" Schlägen rechnen – eine der vielen Strafen, denen wir ausgesetzt waren.

Marzahn mit seinen unsagbaren hygienischen Zuständen war gegen das, was wir in Birkenau erlebten, noch ein Luxushotel gewesen. Anfangs gab es nicht einmal Wasser – wir mußten uns mit unserem eigenen Urin waschen. Erst kamen die Läuse, dann die Krätze und schließlich Typhus und Fleckfieber. Später richtete die Lagerleitung die Baracken mit roten Steinbecken zum Waschen ein, aber das half nichts mehr. Medikamente für die Behandlung von Typhus waren nicht vorhanden.

Die Kinder traf es zuerst, auch die in Auschwitz geborenen. Die SS kümmerte sich nur darum, daß sie vor ihrem Tod noch Tätowierungen erhielten. Die wohl fürchterlichsten Bilder möchte ich in mir nicht wieder wachrufen, deshalb zitiere ich eine Aussage von Lucie Adelsberger, die im sogenannten „Kinderblock“ des „Zigeunerlagers“ als Häftlingsärztin arbeiten mußte:

„Die Kinder waren wie die Erwachsenen nur noch Haut und Knochen ohne Muskeln und Fett, und dünne pergamentartige Haut scheuerte sich über den harten Kanten des Skeletts überall durch ... Aber die Nase dieser Würmer schnitt noch mehr ins Herz. Vielleicht weil die Gesichter alles Kindliche eingebüßt hatten und mit greisenhaften Zügen aus hohlen Augen guckten ... Krätze bedeckte den unterernährten Körper von oben bis unten und entzog ihm die letzte Kraft. Der Mund war von Noma-Geschwüren zerfressen, die sich in die Tiefe bohrten, die Kiefer aushöhlten und krebsartig die Wangen durchlöcherten ... Vor Hunger und Durst, Kälte und Schmerzen kamen die Kinder auch nachts nicht zur Ruhe. Ihr Stöhnen schwoll orkanartig an und hallte im ganzen Block wider.“[7]

Nicht nur das Leben nahm man uns, man beraubte uns auch der Menschenwürde. Das geschah besonders durch die Art, wie wir unsere Notdurft verrichten mußten. Die Latrine war eine Baracke mit einem langen Balken und einem Graben darunter. Frauen, Männer und Kinder saßen eng beieinander, ob sie sich kannten oder fremd waren. Es gab keine Scham, für uns eine besondere Erniedrigung. Gerade bei uns Sinti und Roma ist der Respekt des Mannes vor der Frau so wichtig. Wehe dem, der woanders hinging – den schlugen sie auf der Stelle tot. Hin und wieder tauchte das Rollkommando auf und schaufelte den Inhalt der Gräben auf einen von Häftlingen gezogenen Plattenwagen.

Obwohl ich wie alle anderen abstumpfte, verlor ich die Hoffnung nicht vollständig. Ich sagte mir immer wieder: Wenn ich überlebe, kann ich meine Angehörigen retten! Diesem Willen ordnete ich alles unter. Ich versuchte Kräfte zu sammeln und Energie zu sparen, wo es nur ging. Viele übernahmen sich und starben. Ich habe damals schon weitergedacht und mein Ziel nicht aus den Augen verloren. Doch mein Überlebenswille sollte noch auf harte Proben gestellt werden.

Zwischen Toten

Eines Tages erwischte auch mich das gefürchtete Fleckfieber. Die Krankheit, von Läusen übertragen, führte zu über zwei Wochen andauernden Fieberanfällen. Die meisten sind von heute auf morgen daran zugrunde gegangen, nachdem sie bis auf die Knochen abgemagert waren. Nur junge Menschen mit starkem Herzen besaßen eine Chance, die Zeit zu überstehen. Ich bekam 40 Grad Fieber und konnte weder essen noch trinken. Dabei wog ich schon vor dem Fieber keine 40 kg mehr. Ich verbrachte acht Tage im Krankenblock.

Sie schwirrten hoch über mir, lärmten ohrenbetäubend, warfen Bomben ab, krachten zusammen, stürzten ab, aber dann brummten wieder neue Geschwader übers Meer... Tage- und nächtelang phantasierte ich von Flugzeugen, immer nur von Flugzeugen. Ich weiß nicht mehr, ob auch einmal eines dabei war, das mich wegbrachte. Es gab offiziell keine Medikamente. Aber mein Schutzengel ließ mich nicht im Stich.

Ein polnischer Pfleger verabreichte mir Tabletten. Sie haben mir wohl geholfen, denn ich überstand die bis dahin schlimmste Krise. Das war aber nur der erste Schritt. Ein älterer Sinto warnte mich: „Melde Dich morgen zum Arbeitskommando, sonst gehst Du ins Krematorium." Wer nicht arbeiten und laufen konnte, wurde gleich aussortiert. Ich hatte zwar das Allerschlimmste hinter mir, war aber weiterhin schwer krank und konnte mich nicht auf den Beinen halten. Mit Gewalt aß ich meine gesamte Essensration – Suppe, Brot, Margarine und eine halben Löffel Marmelade – auf einmal, rappelte mich notdürftig hoch und sagte mir: Ich will leben, raus hier, ich werde mich an den Leuten, die uns ermorden, rächen.

Am nächsten Morgen schleppte ich mich zum Arbeitskommando. Die anderen Häftlinge mußten mich unterhaken, sonst wäre ich umgefallen. Aber ich schaffte es. Acht Tage länger im Krankenblock, und ich wäre weg gewesen.

„Häftling Z 8181 raustreten!" Vor diesem Befehl, wenn der Lautsprecher an der Kommandantur schepperte und seine Nummer brüllte, war jedem angst und bange. Draußen wartete der SS-Mann. Da mußte man flitzen, stramm stehen wie ein Soldat, die Mütze abnehmen und Männchen machen. „Häftling Z 8181" meldet sich. Für den Betroffenen gab es nur die

Alternative Todesurteil oder Bestrafung – egal ob er etwas ausgefressen hatte oder nicht. Mit einigem Glück kriegte er „25“ Schläge oder mußte „Sport treiben“: auf ein freies Feld wurde Schotter geschüttet über den der Häftling so robben mußte, daß die Knie und Arme aufscheuerten und bluteten. Die SS-Männer standen mit ihren Hunden daneben und feuerten den Geschundenen an, sich schneller zu bewegen. Je nachdem wie sie gelaunt waren, dauerte der Spaß eine halbe Stunde oder länger.

Es fanden auch richtige Sportveranstaltungen im Lager statt. Die SS-Männer wußten, daß sich unter den Sinti einige sehr gute Boxer befanden. Am Sonntag bauten sie auf dem Appellplatz einen Boxring auf, in dem zwei Häftlinge mit richtigen Boxhandschuhen gegeneinander antreten mußten. Die Wachmannschaften saßen am Ring, schlossen Wetten ab und versprachen dem Gewinner Extra-Rationen. Normale Häftlinge durften natürlich nicht zuschauen.

Mit eigenen Augen beobachtete ich aus der Entfernung eine andere Vergnügungsveranstaltung der SS. Ein bekannter Hypnotiseur setzte auf dem Appellplatz ein junges Mädchen so in Trance, daß sie laut und voller Inbrunst Opernarien schmetterte. Dazu wurde sie von einer Kapelle mit Sinti-Musikern begleitet. Die SS-Männer kriegten sich nicht mehr ein vor Lachen.

„Sport treiben“ mußte ich zum Glück nie, dafür trafen mich die bereits erwähnten „25“. Ich sollte das Essen an die Kinder austeilen. Der Lagerarzt Dr. Mengele hatte angeordnet, daß die Kinder genug zum Essen bekommen sollten. Hauptsturmführer Mengele war ein Begriff in Auschwitz. „Ein schöner Mann“, sagten manche Frauen. Er ließ sich die Kinder in sein Labor bringen, wo er bestialische Experimente machte. In den Blökken 29 und 31 schräg gegenüber waren Kinderkrippen für die Säuglinge und für die unter Sechsjährigen eingerichtet worden. Solange er sie brauchte, versorgte er sie besser als die anderen. Hauptsächlich interessierte er sich für eineiige Zwillinge. Er wollte beweisen, daß bestimmte „Rassemerkmale“ vererbt würden. Sogar Bonbons schenkte er ihnen, bevor er sie sezierte.Auch mein Onkel Paul Hanstein, der Zwillingsbruder meines Vaters, stand auf seiner Untersuchungsliste.

Ein weiterer Untersuchungsschwerpunkt Mengeles galt der sogenannten Heterochromie, der unterschiedlichen Irisfärbung bei einem Menschen. Er ließ ganze Familien ermorden, um die Augenpaare zur wissenschaftlichen Auswertung an das Kaiser-Wilhelm-Institut für Anthropologie nach Berlin zu schicken. Dort befaßte sich neben anderen seine Kollegin Karin Magnussen mit dem Problem der verschiedenfarbigen Augen. Sie kannte eine Sinti-Familie aus Norddeutschland, die das seltene Phänomen aufwies und in Birkenau gelandet war. Kurz nachdem Mengele Versuche an den Kindern der Familie gemacht hatte, lagen die Augen auf dem Tisch von Magnussen in Berlin-Dahlem. Nach dem Krieg kehrte sie in ihre Heimatstadt Bremen zurück und unterrichtete noch ganze Schülergenerationen unbehelligt in Biologie.[8]

Ich war mittags in meinem Block zum Verteilen der Puddingsuppe befohlen, die die Kinder auf Anordnung Mengeles erhielten. Wir holten die Suppe in riesigen Kübeln aus der Küche, obwohl wir schon Muselmänner waren; so nannte man all jene, die unter 35 kg wogen. Beim letzten Kind fehlte mir eine Kelle, ich hatte nichts mehr im Kübel. Der Blockälteste war zwar ein Sinto, aber das nützte mir nichts. Ich mußte die Hose herunterziehen und mich über den Kamin legen. Mit einem Gummikabel zog er mir 25 Schläge auf den Hintern, bis die Haut aufgeplatzt war und ich heftig blutete. Zwischendurch zielte er auf die Nieren. Ich verlor die Besinnung.

Mein Schänder hielt mich für tot. Als ich gegen Abend wieder erwachte, fand ich mich zwischen den nackten Toten hinter der Baracke wieder. Sie waren aufgestapelt wie Holzstücke auf einem Scheiterhaufen, bis zu zwei Meter hoch. Manche lagen schon tagelang da: es stank bestialisch. Bevor der Wagen eintraf, um den Leichenberg zum Krematorium zu transportieren, rappelte ich mich auf und holte mir beim Blockältesten die Essensration für den Tag. „Na, lebst du auch noch?“ sagte er und reichte mir das Brot. Mit jedem Bissen dachte ich: „Durchhalten. Wenn ich das überlebe, ist das Schwein dran!“

Ich will ihn nicht namhaft machen, er war mit seinem Bruder im Lager. Beide sind vorher bei der Marine gewesen. Nach dem Krieg suchte ich den Hamburger „Dom“ auf, wo mein Peiniger ein Fahrgeschäft hatte. Doch es blieb mir erspart, mein Versprechen einzulösen; er bekam Wind von meiner Ankunft und verschwand.

Jeder wußte, woher der Rauch stammte, den wir täglich aus dem Krematorium aufsteigen sahen, auch die Kinder. Es roch nach verbranntem Menschenfleisch.
In Auschwitz-Birkenau war niemand sicher, ob er den nächsten Tag erlebte. In anderen Konzentrationslagern war die Arbeit noch schwerer, so in Mittelbau-Dora, wo sich die Häftlinge zu Tode arbeiten mußten. Aber in Auschwitz-Birkenau war die Vernichtung das Ziel. Wer nicht der Krankheit oder dem Hunger zum Opfer fiel, konnte in jedem Moment erschossen oder vergast werden. In den Entscheidungen der SS war kein System zu erkennen. Die einzige Chance bestand darin, so wenig wie möglich aufzufallen.

Erschießungen und Typhus gehörten zum Alltag. Im Laufe der Zeit war auch die Lagerstraße mit Toten übersät. Wir stiegen über sie hinweg wie über ein Stück Holz. Wer noch denken konnte, war ausschließlich mit sich selbst und dem eigenen Überleben beschäftigt. Viele Ältere hielten es nicht aus und warfen sich gegen den Zaun, gegen 6000 Volt.

Auch die Familienbande stumpften ab. Besuchte ich meine Mutter und Geschwister, ging es nur noch um Hunger, Essen, Hunger, Essen. Großmutter, zu der ich auch im Lager noch „Mama“ gesagt hatte, war längst an Typhus gestorben. Eines Tages lag Onkel Paul tot in der Buchse. Er war wie Onkel Karl von Oranienburg/Sachsenhausen zum Bombensuchen nach Berlin gekommen und von dort nach Auschwitz deportiert worden. Wenn heute einer stirbt, beerdigst du ihn, machst die Trauerfeier, nimmst Abschied. Wir weinten kurz und legten ihn hinter die Baracken zu den anderen Toten. Wie sollte ich Mutter und den Geschwistern helfen? Wenn ich ihnen ein Stück Brot geben wollte, sagte Mutter: „Du mußt es selber essen und sehen, daß du überlebst, wir haben keine Hoffnung mehr.“

Im Außenkommando erfuhren wir, daß die Russen sich langsam näherten. Immer wieder sagte ich mir: „Wenn die Russen nahe genug sind, haue ich ab, schlage mich zu ihnen durch, lasse mir eine Knarre geben, kämpfe mit ihnen und befreie meine Familie.“

Für einige von uns sollte diese Phantasie in ganz anderer Weise wahr werden. Eines Tages hieß es: „Reichsdeutsche raustreten!“ Offenbar brauchte man uns wieder. Einige glaubten, sie kämen frei und meldeten sich. Man steckte sie in Wehrmachtsuniformen und setzte sie den Russen als Kanonenfutter vor. Ich reagierte nicht, weil ich ahnte, was uns bevorstand.

Am Abend des 15. Mai beschlossen die Lagerkommandanten, alle Sinti und Roma im Lager BIIe zu liquidieren. Der Häftlingsschreiber T. Joachimowski wußte davon und informierte einige Insassen des „Zigeunerlagers". „Wir beschlossen, daß sie sich zur Wehr setzen sollen. Um das aber zu ermöglichen, mußten sie sich bewaffnen. Sie taten es. Die Waffen erlangten sie in der Effektenkammer, und als der Tag der Vergasung kam, setzten sich die Zigeuner zur Wehr."[9]

Ich selbst kann mich daran nicht entsinnen. Entweder habe ich es vergessen oder es aus irgendwelchen Gründen nicht mitbekommen. Genau erinnert sich aber mein Cousin Otto Rosenberg. In seinem Buch „Das Brennglas" schreibt er: „Alle waren bewaffnet – mit Schippe, Spaten, Hammer, Pickel, Hacke, Forke, mit Arbeitswerkzeugen und was ein jeder gefunden hatte. Die Leute sagten sich: Gut, wenn die uns hier ausheben wollen, dann werden wir unser Leben so teuer wie möglich verkaufen. Wir geben uns nicht in ihre Hände. Vielleicht kommen wir an die Maschinengewehre heran, dann haben wir natürlich die größeren Chancen. Das waren aber in der Hauptsache die Blockältesten, die Stubendienste, alle, die noch kräftig beieinander waren... Viele Blockälteste und Kapos hatten ja mit unseren Frauen Verhältnisse. Da wurden auch Kinder geboren. Also wollten sie die Vernichtung nicht. Sie wollten mit uns in den Kampf gehen. Also war es für die SS gefährlich."[10] Tatsächlich ist die SS so überrascht gewesen, daß sie für dieses Mal die Aktion abbrach.

Liquidierung

Doch der nächste Versuch war nur eine Frage der Zeit. „Arbeitsfähige raustreten. Auf den Transport melden!" schrie der Lagerälteste, ein Berufsverbrecher. Viele traten vor die Blöcke und ließen sich aufschreiben. Einige wurden von den Blockältesten und der SS aus den Baracken geholt. Sie mußten sich zwischen den beiden Küchen am Anfang der Lagerstraße sammeln, von wo sie gegen Mittag zum Hauptlager losmarschierten.

Ich meldete mich nicht und wurde auch nicht dazu gezwungen. Ich wollte bei meiner Familie bleiben. Es waren nur noch

Alte, Kranke und Kinder da, wer hätte sich sonst um die kümmern sollen? Außerdem sah ich in dem Transport keine Verbesserung meiner Situation. Die Rote Armee rückte näher, mehr denn je hoffte ich auf eine baldige Befreiung.

Am Abend war ich in der leeren Küche. Ich sehe die Pellkartoffeln noch vor mir, die ich an die anderen verteilen wollte. Plötzlich erschienen zwei SS-Männer und ein Blockschreiber aus dem Hauptlager und zählten die Blöcke noch einmal durch. Der Schreiber, ein Pole, kannte mich und fragte erstaunt: „Was machst Du denn noch hier? Die müssen alle ins Krematorium, komm mit, morgen geht noch ein Transport vom Hauptlager nach Buchenwald." In diesem Moment mußte ich die schwerste Entscheidung meines Lebens treffen. Es gibt keinen schmerzlicheren Augenblick für mich. Aber ich wußte: Wenn ich bleibe, vergasen sie mich auch. Ich konnte meiner Familie nicht mehr helfen, sondern nur noch meine eigene Haut retten. Ohne den Polen aber wäre ich verloren gewesen. Er war zwischen 20 und 25, doch mehr habe ich nie über ihn herausbekommen.

Ich ließ mich notieren und ging mit dem Schreiber zurück ins Hauptlager. Die Kartoffeln standen noch in der Küche. In einem großen Saal traf ich die „Arbeitsfähigen", die schon nachmittags mitgegangen waren. Dazu gesellten sich einige Sinti, die man bereits vor März 1943 deportiert und ins Hauptlager verfrachtet hatte. „Ach, du bist ja auch da. Warum bist du nicht gleich gekommen?" Nach langer Zeit sah ich meinen Onkel Siegfried Schmidt wieder, den Fußballer, von dem ich in Breslau in den Fluß geworfen und zum Friseur begleitet worden war. „Was ist passiert?" fragte er. Ich erzählte, was der Schreiber mir berichtet hatte. „Wir müssen sehen, daß wir weiter leben", sagte er.

Am nächsten Tag wurden wir wieder zur Rampe nach Birkenau gebracht, wo leere Waggons auf uns warteten. Die im Lager zurückgebliebenen Frauen, Kinder, Alten und Schwachen sahen uns und liefen zum Zaun. Es waren fast 2900 Menschen, unter ihnen meine Mutter und meine noch lebenden Geschwister. Die Schreie und das Flehen waren unerträglich. „Hilfe! Hilfe!" Ich war sicher, die Stimme meiner Mutter zu hören. Aber ich konnte nichts tun. „Als ich meine jüngeren Geschwister das letzte Mal sah", erinnert sich Amelie Schaich, „sagte mein Schwesterlein beim Abschied: 'Du gehst, und wir werden verbrannt.' Es waren die letzten Worte, die ich von ihr hörte. Und das vergesse ich nie."[11] Genau so habe ich mich gefühlt.

Der Zug setzte sich in Bewegung, die Schreie wurden mit jedem Meter leiser. Verstummt sind sie bis heute nicht. Der einzige Trost in diesem Augenblick war die Nähe meines Onkels. Siegfried war acht Jahre älter als ich und gab mir Mut. Endlich war jemand da, an dessen starke Schulter ich mich lehnen konnte. Mit ihm kam ich auf den Transport nach Buchenwald. Wieder einmal dem Tod entronnen.

In der Ausstellung „Der nationalsozialistische Völkermord an den Sinti und Roma" in der Gedenkstätte Auschwitz finde ich eine Tafel mit den Worten Filip Müllers, eines Mitgliedes des Sonderkommandos in Auschwitz. Sie berichten, was nach unserer Abfahrt in der Nacht vom 2. auf den 3. August 1944 in Auschwitz-Birkenau weiter geschah. „Der Auskleideraum war gegen Mitternacht voll von Menschen. Die Unruhe wuchs von Minute zu Minute. Von allen Seiten war verzweifeltes Schreien, Jammern und vorwurfsvolles Anklagen zu hören. Sprechchöre wurden laut: 'Wir sind doch Reichsdeutsche! Wir haben nichts verbrochen!' Woanders riefen die Menschen: 'Wir wollen leben! Warum wollt Ihr uns umbringen?' ... Die Vernichtung nahm den gewohnten Verlauf: Moll und seine Helfershelfer entsicherten ihre Pistolen und Gewehre und forderten die Menschen, die sich inzwischen ausgezogen hatten, energisch und unmißverständlich auf, den Auskleideraum zu verlassen und in jene drei Räume zu gehen, in denen sie vergast werden sollten. Während sie ihren letzten Gang antraten, weinten viele vor Verzweiflung ... auch aus den Gaskammern konnte man noch eine Zeitlang verzweifelte Rufe und Schreie hören, bis das tödliche Gas seine Wirkung getan und auch die letzte Stimme zu Ersticken gebracht hatte."[12]

Buchenwald und Mittelbau-Dora

Zwischenstation

Die Waggons waren geschlossen. Wir fuhren Tag und Nacht. Einmal rappelte ich mich hoch und blickte durch eines der kleinen Drahtfenster. Die polnische Sprache war von den Bahnhofsschildern verschwunden, wir mußten wieder in Deutschland sein. Später sah ich das Schild „Weimar" – natürlich kannte ich die Stadt vom Hörensagen. Gegen Abend ging es einen Berg hoch und durch einen großen Wald. Ob es wirklich Buchen waren, die an dem kleinen Fenster vorbeizogen? Von Buchenwald wußte ich bis dahin nichts.

Links und rechts öffneten sich Baumreihen, und das große Lager lag vor uns. In Buchenwald waren zu dieser Zeit mit allen Außenlagern über 50 000 Menschen interniert, Juden, Kriegsgefangene, Politische, Homosexuelle, Sinti und Roma. Unser Transport bestand aus ungefähr 1400 Männern und Frauen, die meisten in meinem Alter, aber auch Zwölfjährige und Ältere – wer eben so noch als arbeitsfähig durchgegangen war. Um Buchenwald herum war ein Zentrum der Rüstungsindustrie entstanden, das unersättlich „Menschenmaterial" schluckte, um Panzer, Flugzeuge und Raketen auszuspucken.

Man teilte uns wieder auf. In den nächsten Tagen gingen Transporte nach Bergen-Belsen, Dachau und ins österreichische Mauthausen. Ich weiß nicht, ob die SS selbst noch einen Überblick hatte, wen sie gerade wohin zur Arbeit oder Vernichtung verfrachtete, oder ob das schon verzweifelter Aktionismus war. Keine Ahnung, warum sie mich für ein paar Wochen hier behielten und Onkel Siegfried gleich nach Mauthausen bei Linz schickten, wohin schon früher der Großteil der in Buchenwald internierten Sinti und Roma verlegt worden war. Die meisten von ihnen sind in den dortigen Steinbrüchen zugrunde gegangen. Siegfried Schmidt überlebte Mauthausen und starb erst lange nach dem Krieg in Darmstadt, kurz nachdem man seinen Antrag auf Entschädigung endlich genehmigt hatte und kurz bevor er die erste Zahlung erhielt.

Schon nach wenigen Tagen stand ich also wieder ohne Beschützer da und mußte auf mich allein aufpassen. Wie alle anderen kam ich zunächst einmal in den Quarantäne-Block. Man wollte feststellen, wer von einer ansteckenden Krankheiten befallen war. Ich wußte immer noch nicht, was sie mit mir planten, und so beruhigte mich die Untersuchung etwas. Wenn man uns gleich umbringen wollte, hätte man sich das sparen können. Für eine kurze Zeit jedenfalls schien das Überleben gesichert. Doch würde die Zeit ausreichen, um von den Alliierten befreit zu werden? Endlich könnte ich meine Familie rächen.

Aber meine Zuversicht erhielt einen schweren Dämpfer. Ein Häftlingsarzt kam in Anwesenheit von SS-Männern in weißen Kitteln auf mich zu, in der Hand eine Spritze. Also haben sie es sich anders überlegt und wollen uns sofort umbringen, fürchtete ich. Irgendwie schaffte es der Arzt in den 40 kg Haut und Knochen noch eine Stelle zu finden, in die er seine Kanüle stechen konnte. Ohne ein Wort der Erklärung. In den Stunden danach horchte ich in mich hinein, suchte mein Skelett nach Veränderungen ab und wartete auf das Ende.

Nach einiger Zeit schwoll die Brust an der Seite dick an und wurde hart. Langsam dämmerte es mir, daß ich ein Versuchskaninchen war. Das beruhigte mich allerdings nicht. Wie es den meisten erging, an denen man medizinische Experimente vornahm, hatte ich bei Mengele auf grausame Weise erfahren. Und auch hier bildeten sich bei einigen meiner Mitgefangenen, die wie ich die Spritze erhalten hatten, schnell bedrohliche Entzündungen auf der Haut. Innerhalb weniger Tage waren sie tot.

Ich danke Gott und meinen Vorfahren für meine Konstitution – wieder einmal erwischte es mich nicht. Später erzählte mir jemand, daß in der Spritze Salzwasser gewesen sei: Salzwasser, mit dem die Marine herausfinden wollte, wie lange abgeschossene Soldaten in der Lage sind, im Meerwasser zu überleben. Ich habe keine Ahnung, ob das stimmt. In Buchenwald ließen verschiedenen Chemiewerke, wie z.B. Höchst, Fleckfiebertherapeutika und andere Arzneimittel an Häftlingen testen und infizierten sie künstlich.

In Auschwitz fragte ich mich ständig: Bin ich morgen noch am Leben? Diese Ungewißheit war in den Wochen nach der Salzattacke erst einmal weg. Hier wurde man nicht ganz so wahllos getötet. Es mußte schon etwas vorgefallen sein. Dafür war die Arbeit härter. Aus einem Steinbruch im Wald mußten wir Steine herausholen. Oben stand die SS mit ihren Bluthunden.

Nur bruchstückhaft sind auch meine Erinnerungen an Buchenwald. Das Lager war nur eine Durchgangsstation für wenige Wochen. Buchse, Strohsack, Zählappell, 25, Wassersuppe, Typhus, Lagerkapelle, Krematorium – all das glich Auschwitz. Aber ich war noch deprimierter, weil mich die Schreie meiner Mutter und Geschwister nicht losließen. Ich blieb bei meinem Plan, mich zurückzuhalten, um den Tag der Rache zu erleben.

Deutlicher als irgendeinen Menschen sehe ich den Bären vor mir, an dessen Zwinger wir auf dem Weg zur Arbeit vorbei mußten. Anders als in Marzahn gehörte er keinem Insassen. Die SS hatte sich in der Nähe des Stacheldrahtzaunes einen kleinen Zoo eingerichtet. Dem Bären ging es besser als dem Häftling, der ihn füttern mußte. Die SS hatte sich auch in Buchenwald eingerichtet, wie ich erfuhr. Für den Lagerkommandanten und seine Frau war eine Reithalle gebaut worden, und aus Ravensbrück und Auschwitz schuf man hübsche Frauen heran – für das Lagerbordell, in dem sich SS und Kapos vergnügten.

Eines Tages sprach sich besonders unter den politischen Häftlingen eine Nachricht herum: „Thälmann ist tot." Der Vorsitzende der KPD, seit 1933 in verschiedenen Gefängnissen, war einen Tag nach seiner Einlieferung in Buchenwald im Krematorium erschossen worden. Das Datum – der 18. August – habe ich genauso aus den Geschichtsbüchern erfahren, wie die Tatsache, daß ebenfalls Mitte August in der Folge des Attentats auf Hitler 742 frühere Mandatsträger und bekannte Mitglieder von Parteien der Weimarer Republik in das Lager kamen.

Nach sechs Wochen hieß es wieder: „Antreten zum Transport!" Es waren viele aus dem Zug von Auschwitz nach Buchenwald dabei. Ich ahnte nicht, daß mir das schlimmste Lager noch bevorstehen sollte.

„Vernichtung durch Arbeit"

Wer sich heute von Nordhausen oder Niedersachswerften dem fast lieblich erscheinenden Kohnstein nähert, ahnt nicht, welch gewaltiges unteririsches Reich innerhalb weniger Jahre von Menschenhand in diesen Berg gehauen wurde.

Wir fuhren nur ein paar Stunden durch den Harz. In Dora angekommen, wußten wir nicht, wo wir waren. Wir sahen die

Baracken und dann den Kohnstein mit dem Stolleneingang. Was sollten wir hier? Zeit für eine Quarantäne ließ man sich nicht, wir mußten gleich anpacken und Toilettenbecken vom Waggon abladen. Wenigstens Toiletten schien es hier zu geben. Danach verteilten uns die Kapos auf verschiedene Baracken. Ich traf etliche Bekannte aus Marzahn wieder.

Dora war als Nebenlager von Buchenwald in Betrieb genommen worden. Im Kohnstein gab es einen riesigen Stollen, in dem die Firma Wirtschaftliche Forschungsanstalt (WIFO) bis 1943 ein riesiges Treibstofflager für die Wehrmacht hatte bauen lassen. Nach dem Bombardements des Raketenwerks in Peenemünde beschlagnahmte die SS den bombensicheren Stollen und ließ ihn so herrichten, daß die Mittelwerk GmbH als Subunternehmen des Rüstungsministeriums hier die „Wunderwaffe" V2 produzieren konnte. Weitergehende Pläne der Nazis sahen vor, die gesamte Rüstungsproduktion nach Untertage zu verlegen. Dafür brauchte man neuen Raum. Einst hatten riesige Panzerverbände den Weg nach Osten freigeschossen. Nun, nachdem der Rückzug längst lief, wurden Bohrhämmer und Sprengladungen gegen den massiven Kohnstein eingesetzt. Dafür schleppten die Nazis die letzten arbeitsfähigen Häftlinge aus allen Lagern her und preßte das letzte aus ihnen heraus.

In der ersten Ausbauphase war es nur darum gegangen, die unterirdische Raketenfabrik so schnell wie möglich funktionsfähig zu machen. Erst als die Produktion der V2 im Januar 1944 begann, waren Teile des oberirdischen Barackenlagers so weit fertiggestellt, daß die ersten Häftlingsgruppen einziehen konnten. Bis dahin pferchte man sie in einen extra dafür freigemachten Schlafstollen ein, bei Staub, Feuchtigkeit und Kälte, wo die einzigen sanitären Anlagen aus halbierten Ölfässern bestand. Unter diesen Bedingungen waren schon von Oktober 1943 bis März 1944 fast 2900 Häftlinge in Dora umgekommen, in der Mehrzahl Russen, Polen und Franzosen. Im Frühjahr wurden weitere 3000 Sterbende in die Konzentrationslager Lublin-Majdanek und Bergen-Belsen transportiert. Ein Krematorium gab es in Dora zu diesem Zeitpunkt noch nicht.

Für den Stollenausbau waren so viele Arbeitskräfte verschlissen worden, daß für die Raketenproduktion selbst neue Kräfte aus anderen Konzentrationslagern angefordert werden mußten. Die Häftlinge kamen in eines der ab März 1944 errichteten Außenlager, denn im Berg und außerhalb des Stollens waren weitere Bauvorhaben geplant. Nach dem Vorbild des Mittelwerkes sollten rund um das Harzstädtchen Nordhausen unterirdische Verlagerungsbetriebe für den Junkers-Konzern entstehen. Bis 1945 wurden mehr als 60 000 Menschen hierher verschleppt, von denen mindestens 20 000 das Kriegsende nicht erlebt haben.

Meinen ersten Eindruck beim Betreten des Stollens möchte ich mit den Worten von Jean Mialet beschreiben, den langjährigen Vorsitzenden des Häftlingbeirats der Gedenkstätte Mittelbau-Dora: „Kleine Lokomotiven mit Waggons rollten mit betäubendem Getöse vorbei, die Lokomotive pfiff unentwegt. Ständig liefen Gruppen von vier Häftlingen, die Schienen trugen, vorbei. Die Anstrengung ließ ihre Gesichter grinsen. Jeden Meter stand ein Mann, der mit automatischen Bewegungen, starr vor sich hinblickend, mit den Gesichtszügen eines Toten vor sich hinschaufelte. Die Meister brüllten und schlugen. Eine Betonmischmaschine brummte, und in ihren stählernen Eingeweiden wurde mit einem Höllenlärm der Kies mit dem Zement vermischt. In einer düsteren Nische bohrten Männer Löcher, wobei der Lärm ihrer Preßluftbohrer durch die Luft dröhnte. Die Kolonne mußte Halt machen. Eine Sprengung wurde vorbereitet. Wenige Minuten später betäubte die Explosion die Ohren der Männer endgültig und alle verstummten. Die Luft wurde noch schlechter.“[13]

Im Stollen

Wir wurden in verschiedene Kommandos aufgeteilt. Ich kam ins Kommando B11 in Niedersachswerften. Die gewaltigen Fahrstollen A und B waren schon fertig. Wir mußten die Seitenstollen ausbauen, den andere Häftlinge schon zum Teil aufgebohrt und gesprengt hatten. Um sechs Uhr hieß es: „Antreten zum Appell!“ Danach schleppten wir uns, angetrieben von den Kapos, in den Stollen, wo wir jeden Tag 12 Stunden blieben. Zuerst nur am Tag, später gab es auch Nachtschicht.

Anscheinend wirkte ich von den „Muselmännern“ noch als einer der kräftigsten. Die Kapos steckten mich ich ins Bohrkommando, zu der schwersten Arbeit. Aus Buchenwald waren

Männer dabei, die noch richtig im Saft standen, aber körperliche Arbeit nicht so gewohnt waren, Rechtsanwälte und Angestellte. Innerhalb von zwei, drei Monaten verschwanden sie wieder.

Ich wurde mit einem riesigen Preßluftbohrer versehen, der für mich schon schwer zu tragen war. Nun sollte ich ihn minutenlang in den Stein rammen. Das Rütteln ging durch den ganzen Körper, und wer jemals einen Preßlufthammer gehört hat, weiß, wie weh das in den Ohren tut. Dazu der Staub, die Kälte, die Feuchtigkeit und der Hunger – das Nazi-Programm hieß nicht umsonst: „Vernichtung durch Arbeit".

Mit dem Bohrer trieben wir die Löcher für die Sprengladungen in den Stein. Wer das Gerät nicht mehr halten konnte und ihn rausziehen mußte, bekam es mit den Kapos zu tun. Die meisten von ihnen waren noch schärfer als in den anderen Lagern. Es ging darum, möglichst viel zu schaffen, ohne Rücksicht auf Verluste. Was, er kann nicht mehr? Weg damit, der nächste. Wer nicht auf der Stelle vor Entkräftung umfiel, wurde zu Boden geschlagen und weggebracht. Platz für den Neuen.

Eine Kolonne bestand aus 20 bis 30 Leuten. Die SS stand vorne und bewachte alles. Vier, fünf Mann waren immer am Bohren, die anderen schaufelten die abgesprengten Steine auf Loren und karrten sie raus. Wir sehnten immer den Augenblick herbei, wenn die Markierungen für die nächsten Bohrungen eingezeichnet wurden. Manchmal guckte noch ein Stück aus der Mauer, das die Häftlinge begradigen mußten, damit wir das Loch genau anbohren konnten. Dann war für einen Moment Ruhe in dem immerwährenden Getöse, und wir an der Bohrmaschine hatten eine kurze Verschnaufpause.

Kurz vor der Sprengung blies der Sprengmeister Alarm. Befanden wir uns aber schon im Stollen, und waren es auch nur zwei Meter, durften wir nicht mehr raus und mußten uns flach hinlegen. Man sah nichts mehr, trotz Staubabzug, hielt sich die Hände über den Kopf und hoffte, daß die Brocken an einem vorbeiflogen. Aber viele sind dabei umgekommen.

Die Sprengmeister waren wie viele Ingenieure und Meister Zivilisten. Sie taten nicht immer nur Dienst nach Vorschrift, sondern zeichneten sich mitunter durch besondere Grausamkeit aus. Ich erinnere mich an einen Sprengmeister, der die Leute immer mit seiner Krücke schlug. Nach dem Krieg traf ich ihn als ehrenwerten Kommunalpolitiker im benachbarten Bad Sachsa wieder.

Wenn man mit den Kapos gut stand, teilten sie einen manchmal zu einer besseren Arbeit ein. Ein dicker, älterer Bayer mochte mich offenbar: „Zigani, laß das mal einen anderen machen", sagte er, als er sah, daß ich kurz davor war zusammenzubrechen. „Du fährst jetzt mit der Lore." Die Loren mit dem Schutt wurden mit einer Lok nach draußen gefahren und ausgeschüttet. Die Kippe wuchs ständig, und darum mußten die Weichen immer wieder verlegt werden. Dafür war ich zuständig. Die Arbeit war ein bißchen leichter, hin und wieder wärmte die Sonne die kalten Tage etwas auf, und vor allem sah ich mal Tageslicht.

Viele Häftlinge schufteten in Außenkommandos, beim Aufbau neuer Lager und Bahnverbindungen oder bei Firmen, die Zwangsarbeiter anforderten. Als unser Arbeitskommando für vierzehn Tage nach Nüxei verlegt wurde, mußte ich als Heizer auf eine Lokomotive. Aber diese Geschichte soll mein Freund Albert van Dijk erzählen: „Ich war am 30. Juli von Dora nach Nüxei gekommen, 25 km nordwestlich von Nordhausen, zur dritten SS-Baubrigade. Ich wurde als Heizer auf die Lokomotive gesetzt, die zur Feldbahn gehörte. Im Oktober kommt eine Kolonne aus Ellrich zu uns auf die Baustelle, wo die neue Bahn gebaut wurde, und es heißt plötzlich: Nur die Zigeuner dürfen auf die Maschinen. So übernahm ein junger Zigeuner meine Stelle. Immer wenn er in den folgenden Tagen vorbeikam, pfiff er mit der Maschine und grüßte freundlich herüber. Fast 50 Jahre später bin ich mit über hundert ehemaligen Häftlingen in Nordhausen. Da kommt ein Mann herein, der die selben Gesichtszüge hat, wie der junge Zigeuner, den ich damals gehaßt habe, weil er meinen Job bekam: Ewald Hanstein. Heute ist er mein Blutsbruder."[14] Genauso war es.

Bei einem anderen Außenkommando mußten wir Fässer mit Salzheringen aufmachen, die anschließend ein Kühlwagen abholte. „Ihr könnt so viel essen, wie ihr wollt", erlaubte man uns. Wir ließen uns das nicht zweimal sagen und stürzten uns auf das Festmahl, ausgehungert wie wir waren. Die Salzheringe schmeckten wirklich sehr lecker. Doch bald stellte sich der große Durst ein, und wir wollten zum Wasserhahn, der in der Nähe stand. Aber die Schweine verboten es uns. Wehe dem, einer wäre trotzdem gegangen, die SS hätte ihn umgelegt.

Hatte das Kommando gut gearbeitet, konnte der Kapo Lagergeld als Prämie geben. In einer Kantine erhielten die Häftlinge dafür Tabak, Zwiebeln oder andere Sachen. Einmal kriegte auch ich Lagergeld. Den Tabak tauschte ich gleich gegen „a Bötzel Brot“, wie die Juden sagten, ein. Viele haben es umgekehrt gemacht – und meist nicht lange überlebt. In Berlin hatte auch ich noch geraucht, doch das ist mir in den Lagern schnell vergangen. Wen die Aufseher während der Arbeitszeit beim Rauchen erwischte, den schlugen sie gleich nieder.

Ich achtete immer darauf, etwas zu essen zu haben, und rauchte dafür nicht. Das hat bestimmt zu meiner Rettung beigetragen.

Als Verpflegung erhielten wir morgens eine Scheibe Brot, 20 Gramm Margarine und einen halben Löffel Marmelade, manchmal gab es eine Scheibe Leberwurst oder Grützwurst als Anerkennung für gute Arbeit, wenn der Kapo einem das gutgeschrieben hatte. Die Ration mußte für den ganzen Tag reichen. Wer zum Frühstück alles aß, konnte abends sehen, wo er blieb. Dann gab es nur noch Tee, der in riesigen Fässern gebracht wurde, jeweils von vier Häftlingen auf einer Trage geschleppt.

Zusätzlich kriegten wir mittags während einer kurzen Arbeitspause im Stollen eine Blechschüssel mit Wassersuppe. Sie enthielt durchgedrehte Kartoffeln, Steckrüben oder Kapusterkraut, aber kein Gramm Fett. Wenn der Häftling, der das Essen austeilte, nur von oben schöpfte, war nur Wasser in der Kelle. Man konnte sich nicht beschweren oder sagen: „Rühr' mal ordentlich durch!“ Wir tranken die Plörre so weg. Wenn wir zwischendurch Durst hatten, fingen wir mit den Lippen die Wassertropfen auf, die von der Decke fielen. Sie schmeckten salzig, wie Ammoniak, und machten noch mehr Durst.

Viele sind einfach neben mir umgefallen. Wir waren nur noch Skelette. Auch draußen neben dem Zaun lagen immer wieder Verhungerte und Erschöpfte, die von den Häftlingen ins Krematorium geschafft werden mußten. Als ich in Dora ankam, existierten die beiden Öfen schon. In der Anfangszeit luden SS und Gestapo die Toten noch auf LKWs und fuhren sie zur Verbrennung nach Buchenwald. Später wurde das Außenlager in der Nordhausener Boelcke-Kaserne zu einem Kranken- und Sterbelager, das immer mehr invalide Häftlinge beherbergte, die man sich selbst überließ. 1600 Häftlinge gingen allein hier zwischen Januar und März 1945 zugrunde.

Dora, Ellrich, Harzungen

Nach der Arbeit war ich zumeist so kaputt, daß ich mich gleich hinlegte. Mit der letzten Kraftanstrengung kletterte ich auf die Pritsche – ich schlief auch noch oben. Bis zur Sperrzeit ab 21 Uhr durften wir uns zwar noch auf der Lagerstraße aufhalten, aber für mich wäre das Kraftverschwendung gewesen. Ich blieb eisern bei meinem Ziel: Überleben! Lieber Gott, wann komme ich hier raus? Ich mußte immer an meine Familie denken. Das Trauma setzte sich fest.

In den Baracken ging es zu, wie ich es aus Auschwitz kannte: drei oder vier Männer in einer Buchse, für jeden gab es einen Strohsack und eine Decke. Auch im Winter mußten wir die Kleider ausziehen. Ich habe viele gesehen, die erschossen oder gehängt wurden. Manche Häftlinge schlug man solange, bis sie umfielen. Auch hier machten die Blockältesten die Drecksarbeit für die SS. Hatte einer z.B. eine Zigarettenkippe aufgehoben, hieß es „Raustreten" und drei Kapos sorgten dafür, daß er sich über den Kamin legte. Mit einem dicken Gummikabel erhielt er die aus Auschwitz bekannten 25 auf den Hintern oder die Nieren. Die Schläge mußte der Geprügelte selber zählen. Viele sind nicht mehr aufgestanden.

Das System aus Lagerältesten, Blockältesten und Kapos entsprach dem in Auschwitz. Die Kapos und Blockältesten waren gefährlicher als die SS, weil sie immer mit uns zusammen waren, während die SS auf dem Turm saß. Unter den Handlangern befanden sich ausgesprochene Zigeunerhasser. Wenn sie dich nicht leiden konnten oder du sie nicht gegrüßt hast, schlugen sie dich. Man konnte keinem vertrauen, höchstens seinem Nebenmann, wenn man mit ihm Tag und Nacht zusammen war.

„Eigentlich ein ganz einfaches System" – hat es mein Mithäftling Stephane Hessel genannt: „Man spiele alle Gruppen gegeneinander aus, die man gegeneinander ausspielen kann, die Nationen, die Rassen, die Religionen, die Berufe, man lasse sie zuerst dahinsiechen in unwürdigen Bedingungen mit Dreck, Hunger und Gewalt, man achte auf die Schäbigsten, Zähesten, Bestialischsten, die sich hier entwickeln wie Würmer in einem verfaulten Stück Käse, und denen gebe man die Macht über die anderen und lasse die Sache in ihrem eigenen Saft schmoren."[15]

Die Spaltung in Häftlingsgruppen wurde wie in Auschwitz besonders durch die verschiedenen Winkel bewirkt: rot für politisch Verfolgte, rosa für Homosexuelle, violett für die Zeugen Jehovas und schwarz für „Asoziale", zu denen wir „Zigeuner" zählten. Die Juden trugen zusätzlich ein gelbes Dreieck.

Bei mir im Block waren auch einige Sinti. Besonders erinnere ich mich an Herrn Laubinger, neben dem ich oben auf der Pritsche lag. Meistens waren wir stumm und hatten genug mit uns selber zu tun. Wenn wir aber miteinander sprachen, ging es ums Essen. Unser Hunger war so groß, daß wir uns die schönsten Dinge ausmalten: „Hast du schon gehört, heute abend gibt es Schweinebraten mit Kartoffeklößen!" – „Mmh, und Apfelkraut. Dazu ein kühles Bier!" – „Aber die Wurstbrote heute morgen waren auch nicht schlecht, oder?" – „Und der leckere Sträselkucha zum Kaffee erst." – Das zweite Thema war: „Wann wird es endlich vorbei sein?" – „Bald sind unsere Befreier da!" dachten und hofften wir unentwegt.

Einige Häftlinge standen in Verbindung mit dem Roten Kreuz in Schweden, das ihnen Pakete schickte. Wenn einer mehr hatte, wurde auch mal geteilt. Das war aber die Ausnahme. Eher beklaute man uns. Manchmal wickelten wir morgens einen Teil des Brotes in einen Lappen, um abends noch etwas zu haben. War das Stück abends verschwunden, meldete man es dem Blockältesten. Wie die kleinen Kinder jammerten wir: „Mein Brot ist weg." Meistens wurden die Täter erwischt und bestraft. Es klingt vielleicht hart, aber damals fand ich das gerecht. Wenn alle nichts zum Essen haben, dem Nachbarn noch das letzte Stück Brot wegnehmen, das geht nicht. Wir waren auf jeden Krümel angewiesen, um nicht kaputtzugehen.

Gegen Ende des Jahres 1944 verschärfte die SS den Terror. Einmal waren zwei Sinti geflohen, nach ein paar Tagen aber wieder eingefangen worden. Wir mußten auf dem Appellplatz antreten und zusehen, wie man sie am Lagergalgen aufhängte. Hauptsächlich bestrafte und stellte die SS die Häftlinge aber wegen angeblicher Sabotage zur Schau. Wir wußten, daß unsere Arbeit half, den Krieg zu verlängern, und so versuchten einige Häftlinge, den Produktionsablauf zu stören, indem sie z.B. Material unbrauchbar machten. Die Überwachung war aber so streng, auch mit Hilfe von Spitzeln unter den Häftlingen, daß solch ehrenwerte Taten glatter Selbstmord waren.

Mit der Auflösung der Konzentrationslager im Osten kamen immer mehr Häftlinge zu uns, obwohl wir schon voll waren. Insgesamt richteten die Nazis fast vierzig Außenlager ein. Mittelbau wurde zum selbständigen KZ mit Dora als Zentrum und allen Einrichtungen, die die SS für nötig hielt: Krematorium, Gefängnis, Krankenbaracke und Bordell. An den Plänen einer unterirdischen Rüstungsschmiede hielt sie bis zum letzten Kriegstag wahnhaft fest.

Ich kam ins Außenlager Ellrich auf der anderen Seite des Stollen, einer ehemaligen Gipsfabrik. Die Unterkunftsblöcke bestanden zwar aus massiven Bauten, die Lebensbedingungen waren aber mindestens so erbärmlich wie in Dora. Mit einer Ausnahme: Ein Gebäude verfügte über einen großen Waschraum mit Wasserhähnen und Becken aus Beton. Aber wenn wir abends schmutzig von der Arbeit zurückkehrten, waren wir so kaputt, daß wir den Weg dahin nicht mehr auf uns nehmen wollten.

Von Ellrich versetzte man mich ins Außenlager Harzungen, das weiter vom B-Stollen entfernt war. Es fuhr zwar eine Bahn nach Niedersachswerften, dennoch mußten wir die vier Kilometer oft bis zum Kohnstein marschieren. Wir waren schon k.o., wenn wir eintrafen und zwölf Stunden Quälerei auf uns warteten. Es half nichts, wir mußten in den Kohnstein. Wir besaßen nur Holzschuhe, mitunter nicht mal Strümpfe. War ein Holzschuh kaputt, mußtest du sehen, was du unter die Füße kriegst. Am besten kam man zurecht, wenn man einen in der Bekleidungskammer kannte, der einem wohlgesinnt war. Einmal kriegte ich sogar ein paar Holzschuhe von einem, den ich zuvor noch nicht gesehen hatte. Das gab es auch! Ein Schuh war zwar größer als der andere, aber das spielte keine Rolle. Das alles lief unter der Hand. Man konnte nicht einfach sagen: ich brauche das – und bekam es.

Zum Transport für den Abschuß luden die Häftlinge die V2 auf einen Zug, der abgedeckt wurde. Durch den Stollen konnte ein kompletter Güterzug fahren – in Dora rein und in Niedersachswerften raus. Die ersten V2-Raketen trafen im September 1944 London. Ebenso richteten sie kurz darauf in Antwerpen verheerende Schäden an. Deutschland kam immer mehr ins Gedränge, das merkten sogar die Deutschen selbst, und so wurde die V2 vom Propagandaministerium zur „Wunderwaffe" erklärt, die den Glauben an den Endsieg aufrechterhalten sollte.

Von weitem habe ich einmal den Rüstungsminister Albert Speer sowie Wernher von Braun gesehen, Speer in Uniform und von Braun in einem grauen Ledermantel. Als die Amerikaner Wernher von Braun nach dem Krieg wie einen König behandelten, fragte ich mich entsetzt: Wo bleibt die Gerechtigkeit? Wie will man eine gerechte Welt aufbauen, wenn man die Täter ungeschoren davonkommen läßt? Die Russen und die Amerikaner haben die Spezialisten mitgenommen und in ihre Weltraumprogramme eingebaut, egal, was sie vorher getan hatten. Wernher von Braun wurde später sogar als „Vater der Mondlandung" gefeiert. Für mich ist er ein Verbrecher, der vom Tode tausender Menschen profitierte. Er selbst wusch seine feinen Hände immer in Unschuld und erklärte: „Ich möchte nachdrücklich feststellen, daß ich während meiner Besuche im Mittelwerk nie einen Gefangenen sah. Ich sah nie, daß ein Mann geschlagen, gehängt oder auf andere Weise getötet wurde, und ich habe nie an Gewalttaten oder an körperlichen Mißhandlungen von Personen teilgenommen. Auch habe ich nie eine andere Person zu solchen Handlungen aufgefordert."[16]

Nichts hören, nichts sehen, nichts sagen, nichts getan – damit war der arme Wernher in bester Gesellschaft der meisten Deutschen. „Wir haben nichts gewußt!" Auch die Ingenieure, Putzfrauen, Büroangestellten, Tischler und Sprengmeister sowie die SS-Liebchen aus Walkenried, Nordhausen und den anderen idyllischen Harzstädtchen, die mit Sonderausweisen in Mittelbau-Dora ein- und ausgingen, haben nachher von nichts gewußt. Offiziell. Ich traf aber nach dem Krieg eine Frau, die mit einem SS-Mann befreundet gewesen war. Und was mußte ich feststellen? Sie kannte das Lager besser als ich. Das war gar nicht so verwunderlich, wie es im ersten Moment klingen mag, denn wir kamen ja nur zum Schlafen aus dem Stollen.

Anfang April 1945 wurde Nordhausen bombardiert, und die Amerikaner befanden sich in der Nähe. Die SS beschloß, das KZ Mittelbau mit all seinen Außenlagern aufzugeben, überließ lediglich Hunderte von Kranken in Dora und in der Boelcke-Kaserne ihrem Schicksal. Die anderen trieb die SS in Richtung Bergen-Belsen, Ravensbrück, Sachsenhausen und andere Konzentrationslager – mit der Bahn oder auf qualvollen Fußmärschen.

Die Tagesschicht wurde plötzlich unterbrochen. Alle, die im Bergwerk waren, mußten raus. Wir hörten, daß wir in andere Lager sollten. „Raustreten, wer nicht mehr laufen kann!" brüllte die SS. Tatsächlich gingen viele nach vorn und glaubten, sie müßten vielleicht nicht mit und würden frei gelassen. Auch ich überlegte, mich zu melden, aber der bayrische Kapo raunte mir zu: „Du bleibst hier." Die Kranken wurden in den Stollen geschickt. Ich weiß nicht, was aus ihnen geworden ist.

Todesmarsch

Zunächst kehrten wir ins Lager nach Harzungen zurück, wo jeder ein Stück Brot als Wegzehrung erhielt. Das hatten wir auch bitter nötig; es gab keine Bahn, man schickte uns auf den „Todesmarsch". Der Kapo aus Bayern meinte, es ginge bestimmt nach Magdeburg. Mir war schleierhaft, woher er die Information hatte. Von der SS bewacht, marschierten wir durch den ganzen Harz. 1500 Leute in Vierer-Reihen hintereinander. Wer nicht mehr laufen konnte, wurde erschossen und im Straßengraben liegengelassen.

Die erste Nacht verbrachten wir in Blankenburg in einer verwanzten Baracke, wo man zuvor polnische Zwangsarbeiter untergebracht hatte. Das Brot war schnell alle, und außer einer Pellkartoffel erhielten wir nichts mehr zu essen. Dafür gab es etwas viel Wichtigeres für mich: Hoffnung. Als wir am Morgen weiterzogen, hörte ich in der Ferne schon die Panzer. Auf der Straße standen Pferde und Wagen herum – zurückgelassen von der Wehrmacht, die offensichtlich einen „langen Fuß" machte. Als ich dann auch noch Uniformen herumliegen sah, war mir klar: es dauert nicht mehr lange – und ich bin frei. Die Gewißheit zu überleben, gab mir Kraft für jeden weiteren Schritt, während die Leidensgenossen neben mir reihenweise umkippten. Doch trotz meines unbändigen Willens: wirklich vorgestellt hatte ich mir zuvor nicht, der Hölle lebend zu entkommen. Jetzt aber war die Rettung greifbar nahe.

Gegen Abend erreichten wir eine große Sandkuhle. „Rein da!" brüllten die SS-Leute, die im Gegensatz zu den Wehrmachtssoldaten auf ihren Posten verharrten. Sie trieben uns in die Sandkuhle, wo wir kreuz und quer übereinander fielen. Aus der Traum von der Freiheit! Lebend wollte uns die SS offenbar nicht in die Hände der Amerikaner fallen lassen. Ich lag mit dem Kopf nach unten am äußersten Rand der Kuhle und erwartete den tödlichen Schuß. Was oben passierte, konnte ich nicht sehen, aber neben mir hörte ich eine Stimme.

„Komm Zigani, wir buddeln uns ein Loch in der Wand." Der alte Kapo aus Bayern, schon seit einer Ewigkeit im Knast, war in seiner tiefsten Seele von einer Herzensbildung, die mir nun zugute kam. Kaum hatten wir uns in den Kies gebuddelt, flogen die Maschinengewehr-Salven auf uns herab. Ich fing mir einen leichten Schuß am Bein ein und wartete auf die nächste Salve. Aber der SS war es offenbar nur um eine besondere Art der Selektion gegangen; denn für alle, die noch konnten, hieß es: „Raustreten!" Hunderte von Toten blieben in der Sandkuhle zurück. Als wir wieder hochgekrochen waren, wollten sie uns weismachen, wir wären von feindlichen Flugzeugen beschossen worden. Das war etwa um den 8. April herum, dem Tag meines Geburtstages.

Wieder ging es weiter, ich weiß nicht mehr genau wie lange, ob es Stunden oder Tage waren. Ein Wettlauf zwischen der endgültigen Erschöpfung und den heranrückenden Befreiern. Wir hielten uns dicht beieinander, um nicht umzufallen. Ich fühlte nicht einmal mehr Schmerz, sondern machte wie in Trance Schritt auf Schritt. Nur ein Gedanke bewegte mich: „Hoffentlich fängt mich jemand auf, bevor ich umkippe. Sonst werde ich doch noch erschossen."

Plötzlich hieß es erneut: „Stehen bleiben!" Und jetzt machte sich endlich auch die SS davon. Vorher übergaben sie uns aber noch Angehörigen der Luftwaffe aus Wien, die aus dem Nichts aufgetaucht waren. „Ihr übernehmt den Transport!" befahlen sie. Immerhin besser als die SS. Ein kleiner Hauptfeldwebel sagte: „Der Krieg dauert nicht mehr lange. Ihr seid bald frei." Die Wiener kümmerten sich nicht besonders um uns, und einige versuchten zu fliehen. Aber vereinzelte SS- und Wehrmachtsoldaten waren noch in der Nähe und gingen nicht so lax mit ihren Pflichten um: Sie knallten die Flüchtenden ab.

Es ging weiter, bis es schließlich hieß: „Stehen bleiben, Ihr könnt gehen, wohin ihr wollt, der Krieg ist aus!" Wir glaubten, endlich frei zu sein und lösten uns in verschiedene Richtungen auf. Aber erneut hatten wir die Rechnung ohne das Pflichtbewußtsein der Deutschen gemacht. Das letzte Aufgebot, der

„Volkssturm", tauchte auf und trieb uns wieder zusammen, unterstützt von einzelnen Soldaten. Sie reagierten sich wohl lieber an uns ab, als sich den amerikanischen Panzern entgegenzustellen.

Abends erreichten wir den kleinen Ort Eggersdorf bei Schönebeck. Über Nacht sperrte man uns in eine verlassene Scheune. Ich lag im Stroh und hörte, wie das Panzergrollen und die Schüsse immer näher kamen. Eine unklare Situation. Die SS war zwar längst über alle Berge, aber ich traute auch unseren neuen Bewachern jede Schandtat zu. Schon möglich, daß sie sich ebenfalls aus dem Staube machten, genausogut aber konnten sie versuchen, die Scheune anzuzünden – wie es in diesen Tagen in Gardelegen bei Magdeburg tatsächlich geschehen ist. In der Feldscheune des Rittergutes Isenschnibbe wurden am 13. April 1945 1016 Häftlinge aus Dora bei lebendigem Leibe verbrannt.

Dieses Schicksal schien uns erspart zu bleiben. Nichts rührte sich. Es war wieder einmal der Bayer, mein Schutzengel der letzten Tage, der das Heft in die Hand nahm. „Da ist bestimmt keiner mehr da. Los Jungs, stemmt Euch gegen das Tor!" Endlich draußen, war kein Mensch zu sehen. In dem Moment wußte ich, daß es geschafft und ich frei war! Wenig später trafen die Amerikaner mit ihren Panzern ein. Welch ein Glücksgefühl! Wir weinten vor Freude.

In der Nähe schlugen die Amerikaner ein Zeltlager auf und nahmen uns unter ihre Fittiche. Unsere Befreier waren schokkiert von dem Anblick, den wir ihnen boten. Sie fragten uns gründlich aus, viele Juden unter uns sprachen englisch. Aber das Wichtigste war: Wir konnten essen, essen, essen. Doch lauerte auch hier noch eine letzte, böse Falle.

Vielen Häftlingen reichten die Mehlspeisen nicht, mit denen uns die Amerikaner vorsichtig hochzupäppeln versuchten. Sie gingen zu den Bauern in der Umgebung, die auf einmal ganz freundlich waren und bereitwillig von ihren Lebensmittelreserven abgaben, z.B. Dosen mit eingemachtem Fleisch. Es ist nur zu verständlich, daß sich viele mit Heißhunger darauf stürzten und das Fleisch herunterschlangen. Aber wenn der Körper zwei Jahre kein Fett gesehen hat und man ihm plötzlich eine große Portion pures Fett zuführt, kann das nicht gut gehen. Viele erlitten einen Fettschock und gingen daran zu Grunde. Auch ich probierte von dem Fleisch, merkte aber schnell, daß es meinem Magen gar nicht gut tat, und ließ davon ab. Auch diese letzte heimtückische Gefahr überlebte ich.

Mit viel Glück habe ich es geschafft. Ich gab nie auf, kämpfte immer gegen die Hoffnungslosigkeit an und sagte mir: ich will überleben und werde mich an denen rächen, die meine Familie umgebracht haben. Dieser Wille hat mich gerettet. Wäre ich labil gewesen, hätte ich es nicht überlebt. Hätte ich gesagt, ich will bei meiner Mutter und meinen Geschwistern bleiben, gäbe es auch mich heute nicht mehr.

In der DDR

Eggersdorf – Neuanfang

In verdreckter Häftlingskleidung löffelte ich meine Grütze. Zum ersten Mal nach neun Jahren durfte ich über mich selbst entscheiden. Nachdem das Glücksgefühl abgeflaut war und die Lebensgeister sich wieder regten, kam die unvermeidliche Frage: Wohin mit Dir? Eine riesige Leere tat sich auf. Von den lieben Menschen, mit denen ich mein Leben geteilt hatte, war fast niemand mehr da. Das wurde mir nach und nach auf schreckliche Weise bewußt. Und von denen, die vielleicht noch existierten, gab es keinerlei Spur. Ich blickte um mich und beneidete die freundlichen amerikanischen Soldaten. Wenn ihr „Job" für sie vorbei war, kehrten sie wieder nach Haus zurück, in den Kreis ihrer Familie. Ich hatte beides verloren. Heimat ist für einen Sinto dort, wo die Familie ist.

Von den Amerikanern hörten wir, daß sich in der Nähe, in Schönebeck an der Elbe, eine verlassene Bekleidungskammer der Wehrmacht befand. Wir, eine kleine Gruppe, gingen die fünf Kilometer zu Fuß und versorgten uns mit Zivilkleidung. Sie war uns „Muselmännern" um Längen zu groß, aber das war uns egal. Hauptsache, wir konnten die verhaßte Häftlingskleidung endlich in die Ecke schleudern. Danach sah jeder für sich zu, wie er nach Hause kam und suchte das Weite. Ich blieb zunächst noch ein paar Tage im Zeltlager der Amerikaner und ließ mich von freundlichen Sanitäterinnen hochpäppeln.

Musik, endlich wieder Musik. Abends saß ich mit einigen schwarzen Soldaten zusammen, die Blues und Jazz spielten. Ich kannte die Rhythmen und Harmonien nicht, lernte sie aber genauso schnell wie ein paar Brocken Englisch. Es ist erstaunlich, wie ein paar freundliche Worte, lockere Sprüche und swingende Melodien selbst einem Halbtoten wieder Kraft zu schenken vermögen. Ich griff sogar schon wieder zur Gitarre und verblüffte die Zuhörer mit deutschen Schlagern. Zur Belohnung ließen sie mich am nächsten Tag eine Runde mit dem Jeep fahren. Die Soldaten merkten, wie gut mir ihre Gesellschaft tat und sagten: „Come with us to the United States!" Aber das wollte ich nicht.

Wenn es noch Spuren zu den Resten meiner Familie gab, so wiesen sie nach Berlin. Ein paar Tage später machte ich mich zu Fuß und per Anhalter auf den Weg. Bei Barby wollte ich die Elbe überqueren, mußte aber zwei Tage warten, weil die SS sich hier noch gegen die Amerikaner verteidigte und von der anderen Elbseite schoß. Es waren warme Frühlingstage, bestimmt 20-25 Grad, und man konnte problemlos draußen schlafen. Die Situation erwies sich jedoch als vollkommen unübersichtlich, in allen Richtungen waren orientierungslose Menschen unterwegs, auf der Flucht, auf der Suche. Als die Lage sich beruhigt hatte und die Brücke in der Hand der Amerikaner war, setzte ich meinen Weg fort. Zwischendurch erwischte ich einen Zug, auf den Trittbrettern konnte ich ein Stück mitfahren. Zum Glück waren die elenden Holzschuhe weg, in der Bekleidungskammer hatte ich mir vernünftige Schuhe besorgt.

Auch in Berlin wurde nicht mehr gekämpft. Ich wußte eigentlich nicht, was ich hier suchte. Wahrscheinlich hoffte ich, mitten auf der Straße Onkel Siegfried oder Cousine Adelheid zu treffen, oder zumindest jemanden, der mir sagte, wo sie sind. Irgendeine weitläufige Verwandtschaft mußte doch auftreiben sein.

Zunächst fand ich nicht einmal die bekannten Orte wieder. Berlin lag in Schutt und Asche, und war total zerbombt. Ich fragte mich zum Alexanderplatz durch, wo ich ganz in der Nähe die letzte Zeit meiner Illegalität in Berlin verbracht hatte. Auch hier stand kein Stein mehr auf dem anderen, und ich erkannte nichts wieder. Mir wurde klar, wie hilflos der Versuch war, in dieser Mondlandschaft hier an irgendeine Spur aus der Vergangenheit anzuknüpfen. Eine Nacht bin ich in einem Haus mit einem so großen Bombentrichter geblieben, daß man in den Himmel schauen konnte. Flüchtlinge, Frauen mit Kindern, die nach Hause wollten, schliefen ebenfalls hier. Es gab ja sonst nichts. Aber wir machten kein Auge zu. Wir saßen in einem Raum, der früher eine Wohnung gewesen war, woran aber jetzt nichts erinnerte. Es ging damals ja alles drunter und drüber.

In Berlin hielt mich nichts. Der einzige Ort, mit dem mich etwas Vertrautes verband, war Eggersdorf. Dort hatte ich in unseren Befreiern das erste Mal wieder freundliche Menschen erlebt. Meine Angst, wieder eingefangen zu werden, war immer noch groß. Wenn ich eine Wehrmachtsuniform sah, lief ich weg.

Aber in Eggersdorf waren die Amerikaner; an sie konnte ich mich halten, und so kehrte ich nach kurzer Zeit dorthin zurück.

Als erstes ging ich zum Bürgermeister. Daß er ein Nazi gewesen war, erfuhr ich erst später, als die Amis ihn mitnahmen. Mir begegnete er außerordentlich freundlich. Die Befreiung aus der Scheune hatte sich natürlich herumgesprochen. Ich war an meinem kahlen Kopf und klapprigen Gestell nicht schwer als ehemaliger Häftling zu erkennen. Zusätzlich zeigte ich ihm meine KZ-Nummer. Der Bürgermeister hatte wohl einiges gut zu machen – jedenfalls erhielt ich ohne Probleme eine kleine Wohnung.

Auch die meisten Bauern in der Umgebung waren ängstlich, weil sie Dreck am Stecken hatten. Ohne Probleme konnte ich mich bei Ihnen versorgen, wenn sie überhaupt noch das Kommando auf ihrem Hof besaßen. Auf vielen Höfen herrschten jetzt die ehemaligen polnischen und russischen Zwangsarbeiter. Sie holten sich, was sie brauchten und feierten abends wilde Feste am Lagerfeuer. Da ist so manches Schwein am Spieß gelandet und sind viele Flaschen Selbstgebrannter geleert worden. Wir tranken Wodka und tanzten ums Feuer. Als ehemaliger Häftling war ich in diesem Kreis wohl gelitten. Natürlich musizierte ich kräftig mit. Gitarren waren zwar keine da, dafür aber Balalaikas sowie ein Akkordeon. Nach dem Blues der Amerikaner lernte ich so die russische Folklore kennen. Mein Repertoire wuchs rasch. Gründe zum Feiern fanden sich immer. Am Anfang ging es um die Befreiung, später gab's fast jeden Abend eine Hochzeit unter den Polen und Russen.

Zwischen den ehemaligen Häftlingen bzw. Zwangsarbeitern und der deutschen Bevölkerung war die Atmosphäre sehr geladen. Viele wollten wie ich Rache an den Peinigern nehmen. Aber die SS und die großen Nazis waren längst über alle Berge, und die anderen wollten mit den Nazis nichts zu tun gehabt haben. Das deutsche Volk schien in den letzten zwölf Jahren eine einzige Widerstandsbewegung gewesen zu sein. Mir fiel es schwer, die Deutschen in ihren Zivilkleidern zu hassen. Sie hatten mir nichts getan. Aber die Zwangsarbeiter aus der Gegend wußten noch genau, von wem sie wie behandelt worden waren, und so kam es in der Anarchie der ersten Nachkriegswochen vielfach zur Selbstjustiz. In Eggersdorf spürte man noch einen SS-Mann in Zivilkleidung auf. Er wurde mitten im Ort aufgehängt.

Tagsüber hingen wir im Dorf herum. Ich traf einen ehemaligen Häftling aus Harzungen wieder, dem an einer Hand der kleine Finger fehlte. Er war Vorarbeiter gewesen und wie ich auf dem Todesmarsch aus der Scheune befreit worden. Er war ganz in Ordnung, und wir freundeten uns an. Ich beneidete ihn darum, daß er schon eine Freundin hatte, die Anneliese.

Eines abends nahmen mich „Vierfinger“ und Anneliese mit zu Blasmusik und Tanz in den Festsaal. Ich war ein guter Tänzer und merkte, daß mein exotisches Aussehen die Aufmerksamkeit der jungen Frauen erregte. Die Haare waren wieder gewachsen. Das Interesse galt aber auch umgekehrt, schließlich hatte ich Jahre lang keine Frau mehr in den Armen gehalten. Es waren noch viele der befreiten Häftlinge im Ort. Die jungen Frauen fanden das erfreulich, zumal viele einheimische Männer gefallen oder noch in Gefangenschaft waren. Besonders fiel mir ein schlankes rothaariges Mädchen mit blauen Augen auf. Sie hieß Renate, war neunzehn Jahre alt, und ich tanzte den Rest des Abends nur noch mit ihr. Wir verstanden uns sofort. Als ich sie nachts vor ihrer Haustür fragte, ob sie am nächsten Tag mit mir spazieren gehe, machte ihre Antwort mich glücklich. Ich konnte mich nicht erinnern, wann ich das letzte Mal so beschwingt nach Hause gegangen und mit solchem Herzklopfen ins Bett gefallen war. Nach einigen Spaziergängen nahm ich sie mit in meine Wohnung; alles lief so, wie ich es mir gewünscht hatte. Bei Renate fand ich meine Lebensfreude wieder. Sie wußte von Anfang an, daß ich Sinto bin, was für sie vollkommen in Ordnung war.

Doch wie würde mich die Familie aufnehmen? Anfangs schlich ich mich heimlich zu ihr durch den Garten. Einmal paßte ich nicht auf und plumpste in die Jauche-Kuhle, die Renates Vater angelegt hatte. Das anschließende Rendezvous fiel nicht sehr romantisch aus. Aber irgendwann kommt für jeden frisch Verliebten der erste Sonntagnachmittag mit Kaffee, Kuchen und Blumenstrauß. Das war in der Nachkriegszeit nicht anders, nur daß es keinen Kaffee gab. Ich aber hatte vor ein paar Wochen noch im Konzentrationslager gesessen und sollte nun meinen Antrittsbesuch in einem gutbürgerlichen deutschen Wohnzimmer machen. Die Mutter war gleich ganz herzlich zu mir. „Bist du bei den Kranken gewesen, die durch unser Dorf marschiert sind?“ fragte sie mich. Ich wußte zuerst nicht, was sie meinte. Sie hatte den Todesmarsch an ihrem Haus vorbeikommen sehen und gedacht, es wäre ein Krankentransport gewesen. „Ich habe Euch aus dem Fenster gesehen. Ihr wart so eingehakt, als ob ihr nicht laufen konntet. Ihr habt so jämmerlich ausgesehen, daß ich weinen mußte. Ich wollte euch Brot und Tee bringen, aber man ließ mich nicht durch. Und Du warst auch dabei?"

Als sie davon sprach, weinte sie wieder. Von diesem Zeitpunkt an hatte ich einen riesigen Stein bei ihr im Brett. Sie umsorgte mich wie ihren eigenen Sohn, der im Krieg verschollen gewesen ist. Sie war sehr gläubig und früher bei einer jüdischen Familie angestellt gewesen. Der Vater machte es mir nicht so leicht. Er trat mir sehr distanziert und schroff gegenüber, wenn nicht sogar überheblich. Er wollte alles ganz genau wissen, von wem ich abstamme, was ich gemacht habe und woher ich komme. Ich fühlte mich von seiner Fragerei in die Ecke gedrängt. Dabei hätte ich doch der Ankläger sein sollen, der die Fragen stellt: „Wo warst du in den letzten zwölf Jahren? Was hast du getan?" Aber wenn man sich Jahre lang klein macht, um nicht aufzufallen, muß das Selbstbewußtsein erst langsam wieder wachsen, egal wie sehr man im Recht ist. Schließlich ließ Renates Vater sein sozialdemokratisches Herz sprechen und entschied sich dafür, mir meine KZ-Vergangenheit positiv anzurechnen. Vielleicht war es aber auch einfach nur so, daß es in diesen Tagen für jeden Deutschen von Vorteil war, sich mit Nazi-Opfern gut zu stellen. Auf jeden Fall hatte ich die Prüfung bei meinem zukünftigen Schwiegervater bestanden und war in die Familie aufgenommen.

Wilhelm und Sofia Bauer besaßen ein kleines Häuschen, in dem Renate und ich unters Dach zogen. Außer den Eltern lebte noch eine Schwester in dem Haus. Mensch, tat das gut! Eine tolle Frau, eine gemütliche Bleibe und eine liebe Familie, die mich hochpäppelte. Ich fühlte mich wohl, wie seit meiner Kindheit nicht mehr. Es ging wieder bergauf. Je mehr ich zu Kräften kam, um so mehr konnte ich mit anpacken. Auf dem kleinen Acker des Vaters rodete ich Kartoffeln aus und zog die Egge. Außerdem ging ich hin und wieder auf Jagd nach Kohlendieben.

Renates Vater arbeitete beim Werkschutz in einer Schönebecker Fabrik. Er war in der SPD und außerdem der Bruder des Bürgermeisters, den die Amerikaner anstelle des Nazis eingesetzt hatten. In dieser chaotischen Zeit wurden Kohlen geklaut wie verrückt. Der Dorfpolizist war völlig überfordert und stellte Hilfspolizisten ein. Da sie eine saubere Weste haben mußten, war die Auswahl nicht besonders groß. Der Bürgermeister entschied: „Es muß Ordnung her, nehmen wir mal den Ewald Hanstein.“

Ich konnte mir die Arbeit frei einteilen und kommen, wann ich wollte. Auf der Suche nach geklauten Kohlen fand ich bei einem Bauern ein altes Motorrad unter dem Heu versteckt. Ich konfiszierte es und erklärte es zu meinem Dienstfahrzeug. Die Freude daran dauerte nicht lange, dann nahm mir ein sowjetischer Soldat die Maschine ab und machte sie zum Dienstfahrzeug der Roten Armee. Auf die Kohlendiebe wirkte ich sicher genauso wenig furchteinflößend wie auf den Soldaten. Dennoch ließ der Job mein Selbstbewußtsein wachsen.

Größere Anerkennung verschaffte ich mir ab Herbst 1945 auf meinem ureigensten Parkett. Sonntag nachmittags packte ich die Plattensammlung meines künftigen Schwiegervaters ein und ging in den Tanzsaal, in dem ich Renate kennengelernt hatte und wo ein altes Grammophon stand; ich wurde zum wahrscheinlich ersten Discjockey in der Geschichte der sowjetisch besetzten Zone. Es gab eine starke Sehnsucht nach Unterhaltung, so daß sich der neue Treffpunkt schnell herumsprach. Es war kein Problem, daß die meisten Paare nicht wußten, wie man einen Tango, Walzer oder Foxtrott richtig tanzt, sie verfügten ja nun über einen bestens ausgebildeten Tanzlehrer: mich. Geld habe ich dafür nicht bekommen, aber die Nachmittage halfen mir, nicht immerzu an die Grauen der letzten Jahre und meine toten Verwandten zu denken. Ich brauchte das Zusammensein mit fröhlichen Menschen. Ich war es von früh auf gewöhnt, mich in großen Gemeinschaften aufzuhalten. Von der Welt der Sinti war ich nun abgeschnitten. Die Musik und der Tanz gaben mir das Gefühl, in der Tradition meiner Familie zu leben und ihnen nahe zu sein. Sobald wie möglich besorgte ich mir eine Gitarre und wurde schnell zum gefragten Musiker auf Dorffesten und Tanzveranstaltungen.

Das Leben änderte sich schnell. Die Engländer lösten für kurze Zeit die Amerikaner ab, irgendwann war die Rote Armee da. Mit ihr kam ich genauso gut klar wie mit den Amerikanern. Schon im Lager hatte ich mich mit den Russen besonders gut verstanden. Die meisten ehemaligen Zwangsarbeiter und die in Eggersdorf befreiten Häftlinge gingen zurück in ihre Heimat. Ich war der einzige von ihnen, der blieb. Meine Heimat war nun Eggersdorf im Kreis Calbe an der Saale.

Sobald es meine Verfassung zuließ, suchte ich mir in Schönebeck eine richtige Arbeit. Ich landete in einer Fabrik, in der man Radiatoren goß. Die Gießerei war eine verdammt schwere Arbeit für einen Schmächtling wie mich. Einige Kumpel verstanden nicht, daß ich mir das antat. „Du hast doch im KZ genug Schwerstarbeit geleistet, mach' doch erst einmal halblang."

Ich wollte aber für meinen Lebensunterhalt selbst aufkommen. Es war mir unangenehm, finanziell von Renates Familie abhängig zu sein. Außerdem steckte ein Gedanke der Lagerzeit noch tief in mir: Wenn ich nicht arbeite, töten sie mich. Ich hatte Auschwitz und Dora nur überstanden, weil ich bis zum Schluß arbeitsfähig gewesen war. Niemand vermochte mir die Angst zu nehmen, daß die Nazis wieder auftauchen könnten, und in mir spukte der Gedanke: „Wenn ich nicht arbeite, holen sie mich ab."

Neben der finanziellen Unabhängigkeit und der Sicherheit gab mir die Arbeit im Radiatorenwerk noch die Gelegenheit, einen alten Traum zu erfüllen. Ich bildete mich als Schlosser und Schweißer fort und legte meine Gesellenprüfung ab. In der Nachkriegszeit war das noch nicht mit vielen Formalitäten verbunden. Man war froh über jeden, der sich beim Wiederaufbau nützlich machen wollte.

Schönebeck ist eine hübsche Kleinstadt an der Elbe. Für die fünf Kilometer zur Arbeit brauchte ich unbedingt ein Fahrrad, was aber, wie alles in dieser Zeit, Mangelware war. Von früh auf hatte ich zwei Dinge gelernt, die unbedingt erforderlich sind, wenn man einen Mangel beseitigen will: organisieren und tüfteln. Im Lager bereits überlebensnotwendig, halfen sie mir auch jetzt weiter. Ich organisierte mir irgendwo ein paar Zigaretten bei den Engländern oder meinen Tanzschülern und tauschte sie gegen ein kaputtes Fahrrad ein, das ich auf einem Hof rumstehen sah. Leider fehlte die Hauptsache: die Reifen. Nun lag Eggersdorf glücklicherweise direkt an der Bahnstrecke zwischen Magdeburg und Leipzig und verfügte sogar über einen eigenen Bahnhof, auf dem ein paar ausrangierte Waggons rumstanden. Ich schnitt ein paar Verbindungsschläuche ab und stattete damit mein Fahrrad aus. Die Tour de France hätte ich mit dem Gefährt nicht gewonnen, aber für meinen täglichen Arbeitsweg reichte es, auch wenn es mehr ruckelte als rollte.

Durch Renates Familie bin ich früh in die Politik geraten. Ich empfand viel Sympathie für Sozialdemokraten und Kommunisten, die schließlich auch zu den Verfolgten des Naziregimes gehörten. Außerdem war mein Vater Kommunist gewesen. Wie oft hatte ich im KZ an ihn gedacht und ihn innerlich dafür bewundert, daß er so weitsichtig gewesen war und auf der richtigen Seite gestanden hatte. Ich wollte ihm nacheifern und den Kampf für ihn zu Ende bringen, damit sich so etwas nie mehr wiederholt. Vielleicht ließ sich so auch noch ein Teil meiner Rache erledigen. Ich trat in die SPD und in die VVN ein, der Vereinigung der Verfolgten des Naziregimes. Trotz der Ereignisse der nächsten Jahre trage ich das VVN-Abzeichen bis heute stolz an meinem Anzugkragen. Regelmäßig begleitete ich Renates Vater zu Sitzungen in das Amtszimmer seines Bruders. Im April 1946 schlossen sich die SPD und KPD zur SED, der Sozialistischen Einheitspartei Deutschlands, zusammen.

Auch mein Privatleben veränderte sich. Ende 1948 warteten Renate und ich auf unser erstes Kind und suchten nach einer größeren Wohnung, als unsere Familie durcheinandergewirbelt wurde. Die Volkspolizei nahm Renates Vater fest, sowjetische Soldaten brachten ihn nach Neubrandenburg in Untersuchungshaft. Niemand wußte warum, nicht einmal sein Bruder, der vergeblich einzugreifen versuchte. Es schien sich um einen Willkürakt zu handeln und brachte mein Vertrauen in den neuen Staat zum ersten Mal ins Wanken.

„Nimm Du das Haus für Deine Familie, sonst enteignen wir es!" sagte man mir. Natürlich ging ich das unmoralische Angebot nicht ein, das wäre Verrat an meinen zukünftigen Schwiegereltern gewesen. So suchten Renate und ich weiter nach einer eigenen Bleibe während Renates Mutter mit ihrer älteren Tochter im Haus wohnen blieb. Aber nicht mehr lange. 1950 ging die gute Frau mit ihrer Tochter zu ihrer Familie in den Westen. Dabei legte man ihr keine Steine in den Weg, und in das Haus zog ein Volkspolizist ein. Wilhelm Bauer sah ich 1950 noch einmal wieder, als ich selbst schon bei der Volkspolizei war. In Uniform und Begleitung von Renate wollte ich ihn im Neubrandenburger Gefängnis besuchen. Zunächst ließ man uns nicht vor. Ich gab aber nicht auf und durfte ihn dann doch kurz sehen. Er erklärte, man werfe ihm vor, für die Nazis gearbeitet zu haben. Er war verzweifelt, daß so viele gegen ihn ausgesagt hatten. Er beteuerte seine Unschuld und behauptete, er sei von politischen Gegnern denunziert worden.

Ich glaubte ihm, obwohl ich bis heute nicht restlos weiß, was wirklich vorgefallen war. Nach dem Gespräch legte man mir nahe, ihn nicht mehr zu besuchen. Insgesamt saß Wilhelm Bauer sechs Jahre im Gefängnis. Nach seiner Entlassung siedelte auch er in den Westen über. Zu diesem Zeitpunkt war seine Frau allerdings schon nicht mehr am Leben. Für das Haus haben Renate und ihre Schwester vor ein paar Jahren eine kleine Entschädigung erhalten.

Schönebeck – „Genosse Volkspolizist" Hanstein

Als mein erster Sohn Norbert 1948 zur Welt kam, lebten wir noch im Dachzimmer. Renate und ich heirateten und fanden kurz darauf eine Dreizimmerwohnung in Schönebeck, in der Schillerstraße 46. So freundlich meine Schwiegermutter auch gewesen war, wir genossen unsere Selbständigkeit in vollen Zügen. Ich war stolz wie nie: Ewald Hanstein hat eine eigene Familie. Ich lebte endgültig wie ein Gadscho mit Trauschein, Kleinfamilie, Dreizimmerwohnung und einem Schrebergarten. Weiterhin beackerten wir das kleine Grundstück meiner Schwiegereltern in Eggersdorf. Renate machte Bohnen ein und kochte Marmelade.

In Schönebeck war ich zunächst ganz auf die Arbeit und meine Familie konzentriert und kümmerte mich wenig um Politik. Da erhielt ich 1950 kurz nach Gründung der DDR Besuch von Funktionären der SED. „Wir wollen unseren demokratischen Staat aufbauen, willst du nicht mitmachen? Wir brauchen dich bei der Polizei!" Ich überlegte nicht lange, denn die Arbeit in der Radiatorenfabrik war wirklich kein Zuckerschlecken. So kam ich zur Bahnpolizei nach Magdeburg am Elbbahnhof.

Normalerweise fing man dort als Anwärter an, mich ernannte man aber sofort zum Wachtmeister. Die Kommissarin war ein ehemaliger Häftling aus dem Konzentrationslager Ravensbrück und unterstützte mich. Ich verfügte eigentlich nicht über die körperlichen Maße für diesen Job, aber in der neu gegründeten DDR galt es als ehrenhaft, von den Nazis verfolgt worden zu sein. Ich weiß allerdings nicht, ob das auch für Sinti zutraf, denn meine Herkunft band ich den offiziellen Stellen nicht auf die Nase. Die Kommissarin gab mir einen angenehmen Posten im Büro. Ich war in der Personalabteilung für Neueinstellungen zuständig, obwohl ich im Schriftlichen längst nicht so versiert war wie heute. Gegenüber vielen Bewerbern fühlte ich mich aber richtig „schriftgelehrt“, so viele Fragezeichen mußte ich in ihren unleserlichen Bewerbungen machen. Aber darauf kam es nicht an, man stellte ein, wer politisch korrekt war. Das galt für die anderen ebenso wie für mich. Die Arbeit bei der Bahnpolizei war entsprechend leicht.

Doch langsam drehte sich der Wind. Die Kommissarin wurde von einem Erzkommunisten abgelöst, der mich von Anfang an ablehnte. Vorbei war es mit dem lockeren Dienst in der warmen Stube, und ich mußte Streifendienst machen. Man teilte uns in Drittel ein. Ich lief mit meinem Kumpel Otto Henning aus dem C-Drittel die Gleise ab und suchte nach verdächtigen Gegenständen und Personen. Der Kalte Krieg war in vollem Gange, und die DDR fürchtete sich vor Sabotageakten aus dem Westen. Die Behörden waren auf alles gefaßt. Einmal in der Woche mußten wir vor dem Leiter des Drittels antreten und über die Vorkommnisse der letzten sieben Tagen berichten, schriftlich wie mündlich. Ein Vorteil des Streifendienstes war: ich erhielt ein Motorrad, das mir keiner mehr nehmen konnte, eine alte Göricke.

Später teilte man mich zum Zugbegleitkommando (ZBK) ein. Wir fuhren mit den Zügen bis an die Ost- oder Westgrenze und kontrollierten die Fahrgäste nach Schmuggelware oder anderen verbotenen Gegenständen. Manchmal mußten wir gar nicht die Taschen kontrollieren, um den Braten zu riechen. Wenn sich unter einem Rucksack langsam Wasser-Tropfen sammelten und sich ein leichter Fischgeruch im Abteil breit machte, wußten wir Bescheid. Der Reisende kam garantiert aus Bremerhaven oder Cuxhaven und hatte seinen Rucksack mit Heringen gefüllt. Meeresfische waren eine unerschwingliche Delikatesse. Oft drückten wir ein Auge zu und übersahen den verräterischen Wasserfleck, wir waren ja selbst keine Kostverächter. Als Tauschware erhielten die Heringsschmuggler meistens Damenstrümpfe und andere Seidenartikel. Der Großteil der deutschen Seiden- und Textilindustrie befand sich damals im Osten.

Nach Westen hin brachten mich diese Touren regelmäßig bis zum Grenzbahnhof Ellrich im Harz. Schon wenige Kilometer vorher wurde mir mulmig. Wenn wir an der Grenze ausstiegen, stand ich wieder auf dem Grund des Konzentrationslagers Mittelbau-Dora; in Ellrich war eines der größten Nebenlager gewesen. Ich konnte mich gut an den Ort erinnern – wo jetzt der Bahnhof war, hatte die SS früher ihre Pferde gehalten. Meine Kumpels staunten nicht schlecht, als ich ihnen aufgeregt von meinen Erlebnissen in Ellrich erzählte.

Bald führte mich noch eine andere Tätigkeit in diese Gegend. Man schickte mich für zehn Tage zum Polituntericht nach Nordhausen auf das Gelände des früheren Flugplatzes. Damals wußte ich allerdings nicht, wie nah ich Mittelbau-Dora war, denn in Nordhausen war ich zuvor nie gewesen, und als Unterrichtsthema kam der Ort auch nicht vor. Dafür kannte ich bald alles über die russische Revolution und die Geschichte der KPDSU.

Zu den Streifendiensten und Begleitkommandos gesellten sich noch die politischen Schulungen. Abends oder am Wochenende rüstete man uns für den Klassenkampf – damals in der DDR mindestens genauso wichtig wie die eigentliche Arbeit. Ich habe mich anfangs mit diesen Maßnahmen identifiziert, zumal mir der Klassenkampf gegen den Westen durch seine antifaschistische Grundhaltung gerechtfertigt erschien und der allgegenwärtige Ernst Thälmann doch ganz in meiner Nähe in Buchenwald hingerichtet worden war. Auch wenn sich meine Überzeugung bald ändern sollte: von den Schulungen habe ich in meiner späteren politischen Arbeit bis heute profitiert.

Einmal begleiteten wir einen Transport russischer Soldaten, die nach Kiew fuhren, bis zur Grenze nach Frankfurt/Oder. Es waren rauhe Gesellen, denen man allerhand zutraute. Wir sollten aufpassen, daß sie nicht allzu viel kaputt machen. In einem Abteil wurde besonders laut gelacht, getanzt und gesungen. Das Stampfen des Kasatschows übertönte beinahe die Lokomotive, alle waren betrunken, und die Stimmung kurz vorm Überkochen. Ich entschloß mich zum Eingreifen. Ein Soldat mit langen, lockigen, pechschwarzen Haaren war der Einpeitscher. Ich überlegte nicht lange und rief ihn auf Russisch zur Ruhe: „Ticho!“

Die Wirkung des Befehls überraschte mich selbst am meisten. Der Kerl verstummte auf der Stelle, drehte sich langsam zu mir, und ich blickte in ein dunkles blitzendes Augenpaar. Auch im Abteil kehrte augenblicklich Ruhe ein. Schwerfällig erhob er sich, die Gestalt nahm kein Ende, ein Koloß stand vor mir. Noch mehr als die Augen funkelten die goldenen Sterne an seiner Uniform. Kein Zweifel: ich hatte den Kommandanten angeschrieen.

„San Rom?“ brüllte er. Im Romanes schließt „Rom“ Sinti und Roma ein. „Me san Rom“, antwortete ich schüchtern. Er torkelte ein paar Schritte auf mich zu, ich erwartete seinen Fausthieb. Stattdessen fiel er mir um den Hals, erdrückte mich fast und sagte: „Bruder!“

Wir waren glücklich, uns in Romanes unterhalten zu können. Er holte ein Foto seiner Familie aus der Tasche und zeigte auf ein junges Mädchen: „Komm’ mit nach Kiew und heirate meine Tochter!“ Ich zeigte ihm ein Foto von Renate; er sah ein, daß ich seinen Wunsch nicht erfüllen konnte.

Der ersten Begegnung mit einem Sinti oder Roma nach dem Krieg sollte bald eine nächste folgen. Ich war gerade auf der Schönebecker Dienststelle, als es hieß: „Ewald, fahr mal zum Marktplatz, da sind Zigeuner, die müssen woanders hin.“ Seit fünf Jahren war mir kein Sinto mehr über den Weg gelaufen. Meine Nachforschungen über den Verbleib von Überlebenden unserer Sippe waren in den Trümmern Berlins stecken geblieben. Ich hatte mich vollkommen in die Welt der „Gadsche“ eingelebt und es sogar zum Hauptwachtmeister gebracht. Polizist dürfte wahrscheinlich jener Beruf sein, der am weitesten von der Mentalität eines Sinto entfernt ist. Die Staatsgewalt war uns immer als Feind gegenübergetreten. Und nun sollte ich in meiner Vopo-Uniform eine Sinti-Familie vom Schönebecker Marktplatz vertreiben. Die Knie schlotterten mir bei der Anfahrt so, daß ich ständig von der Kupplung rutschte. Es bewegte mich aber nicht nur die Angst vor der Konfrontation, sondern auch eine große Freude. Mit einem Schlag war mein früheres Leben wieder gegenwärtig. Vielleicht kannte ich die Familie auf dem Marktplatz sogar.

Wie ich ihren Anblick genoß. Sofort wußte ich, was ich die ganze Zeit vermißt hatte. Vor mir standen drei alte Wagen mit Pferden. Das Knattern des Motorrades lockte eine junge Frau aus einem der Wagen. Verwundert rieb sie sich die Augen, bis es schließlich aus ihr herausbrach. „Ewald! Es ist Ewald aus Berlin-Marzahn!“ Im Nu war ich von der ganzen Familie Weinlich umringt, Kinder, Männer, Frauen, Alte. Natürlich erkannte ich sie wieder, obwohl wir in Marzahn nicht viel miteinander zu tun gehabt hatten.

„Was machst du denn hier, Ewald? Warum hast du eine Uniform an?"

Da gab es allerhand zu erzählen und zu erklären. Am liebsten hätte ich mich zu ihnen gesetzt und auf der Stelle Feierabend gemacht. Aber ich war pflichtbewußt und wollte meinen Auftrag erfüllen. Schonend brachte ich ihnen bei, daß sie auf dem Platz nicht bleiben konnten. Zum Glück fiel mir ein anderer Platz in der Nähe ein, auf dem sie wohl keinen Ärger bekommen würden. Dorthin begleitete ich sie. In der Frühphase der DDR war das „Reisen" noch nicht verboten.

Gleich nach Dienstschluß bin ich wieder zu der Sinti-Familie. Die ganze Nacht haben wir erzählt, getanzt und Musik gemacht. Jeder berichtete, wie er die NS-Zeit überlebt hatte. Aber noch mehr weinten wir in dieser Nacht über unsere Toten. Es tat gut, das erste Mal mit Menschen die Trauer über den Verlust meiner Familie zu teilen, Menschen, die auch noch Geschichten von ihnen kannten. Über den Verbleib meiner Onkel und Cousinen wußte auch hier niemand etwas.

Am nächsten Morgen habe ich nicht lange überlegt, bin auf den Kutschbock gestiegen und mit dem Treck abgezogen. Meine Dienststelle gab mir kurzfristig Urlaub. Renate aber reagierte alles andere als erfreut. Für Sie war meine Herkunft als Sinti nie von Bedeutung gewesen. Jetzt hatte es das erste Mal etwas mit ihrem Leben zu tun. Klar war ihre Angst groß, mich zu verlieren, so aufgedreht wie ich mich durch die Begegnung mit der Sinti-Familie zeigte – ein Konflikt, der von diesem Tag an bis zu unserer Trennung bestehen blieb.

Ich zog mit der Familie Weinlich durch die Gegend und lebte wieder mein früheres Leben. Die Männer handelten auf Pferdemärkten, und die Frauen gingen hausieren. Sie wurden für ihre Ware mit Speck und Fleisch bezahlt, von dem auch ich ein kräftiges Stück mit nach Hause nehmen konnte, um Renate zu versöhnen. Es waren wunderbare Tage und Nächte; die Sinti versuchten, mich ganz an sich zu binden. Am liebsten hätten sie mich mit der jungen Frau, die mich gleich erkannt hatte, verheiratet. Doch kehrte ich natürlich nach 14 Tagen zu meiner Familie zurück. Das Herz war schwer, aber es wußte, wohin es gehörte.

Die Weinlichs blieben auch in den nächsten Monaten im Kreis Calbe, so daß ich immer mal wieder auf eine Stippvisite zu ihnen fuhr. Anfangs beäugten sie meine Uniform mit Mißtrauen. Von einem Beamten erwarteten sie nichts anderes als Denunziation und Vertreibung. Bei mir lag die Sache natürlich anders, und mit der Zeit merkten sie, daß es von Vorteil war, jemanden bei der Volkspolizei zu kennen. Wenn sie unterwegs Schwierigkeiten bekamen, holten und baten sie mich, ihnen zu helfen, was mit der Zeit häufiger und schwieriger wurde.

Nach dem Krieg gab es auf dem Gebiet der DDR noch etwa 600 Sinti, Roma überhaupt nicht. Man schwieg sie tot und grenzte sie zunehmend aus. Sie paßten nicht in die Welt der Fünf-Jahrespläne, Ordnungsliebe und heldenhaften Antifaschisten. Das Reisen, Hausieren und Mucken wurde untersagt. Dabei bediente sich die Obrigkeit des Artikels 249 im Strafgesetzbuch, wo es hieß: „Wer das gesellschaftliche Zusammenleben der Bürger oder die öffentliche Ordnung dadurch gefährdet, daß er sich aus Arbeitsscheu einer geregelten Arbeit hartnäckig entzieht, obwohl er arbeitsfähig ist, oder wer der Prostitution nachgeht oder wer sich auf andere unlautere Weise Mittel zum Unterhalt verschafft, wird mit Verurteilung auf Bewährung oder mit Haftstrafe, Arbeitserziehung oder mit einer Freiheitsstrafe bis zu zwei Jahren bestraft." Mein Instinkt hatte also nicht getrogen, als ich mir aus Angst vor neuer Verfolgung gleich nach meiner Befreiung wieder eine Arbeitstelle suchte. Die Repressionen verfehlten ihre Wirkung nicht, die Hälfte der Sinti ging in den Westen, so daß lediglich 300 Sinti in der DDR blieben – so nach den Recherchen von Reimar Gilsenbach, Schriftsteller aus dem brandenburgischen Brodowin, der sich um die Sinti in der DDR gekümmert hat. Trotz Stasi-Überwachung und vieler Schikanen half Gilsenbach ab Mitte der 1960er Jahre vielen Sinti in der DDR. Ich hatte noch das Glück, diesen mutigen und klugen Mann kennenzulernen. Auch fand er heraus, daß viele Sinti nicht einmal als Verfolgte des Nazi-Regimes anerkannt worden waren: „Es gab in der DDR eine Richtlinie für die Anerkennung als Verfolgter des Naziregimes ... In dieser Richtlinie gab es eine Einschränkung, die sich nur auf Zigeuner bezog ... Es hieß dort nämlich: Zigeuner können als Verfolgte des Naziregimes anerkannt werden, wenn sie nach 1945 beim zuständigen Arbeitsamt registriert sind und eine antifaschistisch-demokratische Haltung bewahrt haben. Es gab Kommitees, vor denen die Zigeuner dann befragt wurden. 'Nun Kamerad, was weißt du über den Genossen Stalin?' Und die Antworten waren verwirrt. Das genügte, um Zigeuner nicht anzuerkennen. Es war absurd. Für viele habe ich nachträglich ihre Anerkennung noch durchgefochten."[17]

Auch die Weinlichs wollte man zu einer festen Arbeit zwingen und verweigerte ihnen eine Gewerbeerlaubnis. Statt ihre Tradition, das Reisen, aufzugeben, verließen sie das Land. Ein paar Monate nach dem freudigen Wiedersehen auf dem Marktplatz in Eggersdorf begleitete ich sie zur Grenze in Öbisfelde. Wieder allein unter Gadsche. Jetzt wußten alle, daß ich ein Sinto war. Solange ich nicht auffiel und so wie sie lebte, konnte man mir daraus keinen Strick drehen. Dachte ich.

Im Hauptberuf schaffte ich es also vom Gießer zum Hauptwachtmeister. Auch als Musiker ging es für mich in den ersten Jahren steil bergauf, vom „Grünen Jäger" zum „Kulturpalast". Schon in der Zeit der Gießerei tat ich mich mit ein paar Kumpels zu einer kleinen Tanzkapelle zusammen. In der Besetzung Schlagzeug, Akkordeon, Trompete und Gitarre zogen wir über die Dörfer und heizten den Leuten bei Schützen- oder Feuerwehrfesten kräftig ein. Verdienen konnte man damit nichts, es gab aber reichlich zu essen und vor allem zu trinken. Am liebsten spielte ich Samstag abends im „Grünen Jäger", wo alle hinkamen, von jung bis alt. Besonders die weiblichen Zuschauer warfen uns verlockende Blicke zu. Renate sah das gar nicht gern.

Bei der Transportpolizei merkte man schnell, daß ein guter Musiker in ihren Reihen war. Die Kommissarin beauftragte mich, ein Mandolinen- und Gitarrenensemble aufzubauen. Das war leichter gesagt als getan, denn es waren nicht viele Kollegen da, die ein Instrument beherrschten. Also mußte ich viele Mitglieder erst einmal ausbilden. Wie die meisten Sinti-Musiker konnte ich jedoch keine einzige Note lesen. Mich neben jeden einzelnen setzen und ihm zeigen, was zu tun war – das ging auch nicht. Also malte ich auf ein großes Plakat einen Gitarrenhals mit sechs Seiten. Wo gegriffen werden sollte, zeichnete ich Punkte ein. Das klingt heute nicht besonders originell, aber damals habe ich mir diese Methode selbst ausgedacht. Jetzt war ich nicht nur Tanzlehrer, sondern auch Musiklehrer.

Schließlich hatte ich eine Gruppe von 18 Männern und Frauen zusammen. Wir vertraten die Polizeidirektion Magdeburg bei offiziellen Anlässen quer durch die ganze DDR. Innerhalb kurzer Zeit war unser Ruf so gut, daß wir uns vor Anfragen kaum retten konnten. Die Tourneen bedeuteten natürlich eine willkommene Abwechslung zu Streifendiensten und Begleitkommandos. Das Repertoire unterschied sich allerdings sehr von den Auftritten im „Grünen Jäger". Statt „Viktoria, der Lenz ist da" hieß es nun „Bau auf Freie Deutsche Jugend".

Damit war mein Aufstieg in die Höhen der DDR-Kultur aber noch nicht abgeschlossen. Der Erfolg des Magdeburger Mandolinenensembles brachte mich sogar mit dem berühmten Erich-Weinert-Ensemble in Berlin zusammen, dem Propaganda-Chor der Volkspolizei und der Nationalen Volksarmee; ich wurde hin und wieder ausgeliehen, um die Begleitgruppe zu unterstützen. Da stand ich in meiner blauen Uniform und spielte: „Wir schützen die Sowjetunion". Musikalisch forderten mich solche Gastspiele nicht sehr heraus, und auch die Atmosphäre im Ensemble war alles andere als freundschaftlich. Es handelte sich um verdiente Genossen, die sich, in der Sowjetunion geschult, als Könige fühlten. Für einen richtigen Musiker, der als kleiner Hauptwachtmeister in Magdeburg Dienst tat, hatten sie nicht viel übrig.

Nur mit einer Wachtmeisterin aus Halle an der Saale konnte ich offen reden. Doch das wurde zunehmend gefährlicher, denn die Überwachung begann schon. Langsam veränderte sich einiges zum Schlechteren. Es fing wieder das Militärische an. Erst hieß es „Kollegen", dann „Kameraden" und schließlich „Stramm stehen". Bis jetzt hatte ich die Entwicklung wegen der antifaschistischen Grundhaltung willkommen geheißen, auch wenn mir vieles fremd blieb. Nun meldete sich mein Widerspruchsgeist, und ich sah nicht ein, fünf Jahre nach der Lagerzeit wieder den Gehorsamen zu spielen. Dabei ging es zunächst nur um Kleinigkeiten. „Können Sie nicht grüßen?" schnauzte mich ein junger Leutnant an, der sich offenbar etwas darauf einbildete, daß er in der Sowjetunion geschult worden war. „Was willst du Rotzlöffel von mir", gab ich zurück, obwohl ich auch erst 25 war. Zum Glück hielt anfangs der Hauptkommissar in der Polizeidirektion, ein ehemaliger Spanienkämpfer, noch zu mir. Er ließ sich den jungen Leutnant bringen und wies ihn zurecht: „Wissen sie eigentlich, wen sie vor sich haben? Der Mann war im KZ und sie schnauzen ihn an?" Da wurde der Leutnant ganz klein und sagte nur noch „Jawoll, Herr Kommissar."

Trotzdem hatten mich einige seither auf dem Kieker. Sie konnten es nicht vertragen, daß ich so schnell hochgekommen war, gleich Hauptwachtmeister und nun auch noch im Erich-Weinert-Ensemble. Hinzu trat meine Abneigung gegen die Schießübungen. Bisher waren Waffen immer gegen mich gerichtet gewesen. Selbst noch nie ein Gewehr in der Hand gehalten, legte ich auch jetzt keinen Wert darauf. Ich schoß mit dem Karabiner ständig daneben. „Hanstein ist dran, alle in Deckung", hieß es. Doch beim Frotzeln blieb es nicht.

Magdeburg – Wieder in Haft!

1950 traf sich die Jugend der Welt wieder einmal in Berlin, dieses Mal zum großen FDJ-Treffen. Berlin-Treptow glich einem riesigen Zeltlager. Wir von der Bahnpolizei paßten auf, daß die Jugendlichen nicht über die Sektorengrenze nach West-Berlin gingen. Mein Vorgesetzter wies mir einen festen Platz zu. Ein älterer, kleiner Polizist aus unser Gruppe tat aber so, als ob er das Kommando führte. Er war ein 100%iger, der wegen seiner Überzeugung eingestellt worden war und mit dem ich mich nicht verstand. Wenn er von meiner KZ-Haft gewußt hätte, wäre er vielleicht freundlicher gewesen, denn er hatte bei den Nazis selbst im Zuchthaus gesessen. Aber das band ich nicht jedem auf die Nase. „Los, Hanstein, lauf' mal die Bahnstrecke ab." Dem habe ich die Meinung geblasen.

„Du hast mir gar nichts zu sagen, Fatzke, ich bleibe hier auf meinem Posten."

Auf der anderen Seite der Grenze stand die Sturmpolizei mit ihren Schakkos und grünen Uniformen. Es wäre leicht gewesen rüberzugehen, aber wir durften uns nicht einmal mit ihnen unterhalten. Ich kann meinen Mitmenschen aber nicht stumm gegenüberstehen, selbst wenn sie eine andere Uniform tragen. „Na wie geht's so?" – „Muß ja, und bei Euch?" Aber meinen Posten verließ ich nicht, und der Dienst ging ohne besondere Vorkommnisse zu Ende.

„Hanstein zum Chef!" hieß es am nächsten Morgen, es klang nicht gut. „Hast du die Sektorengrenze übertreten?"

„Nein“, antwortete ich wahrheitsgemäß. Es nützte nichts. Angeblich gab es Zeugen für mein Fehlverhalten. Ohne weitere Anhörung suspendierte man mich vom Dienst. Welch ein Schock! Mit einem Schlag stand meine Existenz auf dem Spiel. Nach einigen Tagen schickte man mich immerhin wieder auf Streife. Aber als ein paar Tage später die Vorladung nach Magdeburg kam, beschlich mich ein mulmiges Gefühl.

Ein ganz hohes Tier vernahm mich. Ich beteuerte erneut, daß ich nicht in West-Berlin gewesen war. Plötzlich traten zwei „Kameraden“ gegen mich auf und beschworen, mich beim Grenzübertritt gesehen zu haben. Einer war der 100%ige. Ich konnte sagen, was ich wollte, es nutzte nichts. Die anderen waren bereits einen Rang höher und in Moskau auf Schulung gewesen. Schließlich hieß es, ich hätte das Ansehen der Volkspolizei geschädigt. Und weil sie so schön dabei waren, kamen noch Diebstahl und Unterschlagung von Vermögen der Volkspolizei hinzu. Ich weiß bis heute nicht, was ich gestohlen haben soll.

Nach 5 Jahren wieder eingesperrt wegen nichts. Das Zuchthaus in Magdeburg-Sudenburg war nicht mit Auschwitz vergleichbar, aber furchtbar genug, um mich mit einem Schlag in die Nazizeit zurückgesetzt zu fühlen. Um mich herum war alles dunkel, das Fenster mit Blech verrammelt. Zum Schlafen eine Steinpritsche mit Strohsack. Abends holten sie mich raus, Deutsche und Russen.

„Möchtest du etwas essen? Oder eine Zigarette? Du kannst ruhig erzählen, daß du in West-Berlin warst. Es passiert dir nichts.“

Ich konnte niemanden erkennen, die Strahler leuchteten mir direkt ins Gesicht, wie in schlechten Filmen. „Ich gebe nichts zu, was ich nicht getan habe.“

Nach ein paar Abenden hörten sie auf. Ich wurde in eine Gemeinschaftszelle verlegt; zehn Monate lang wollte niemand mehr etwas von mir wissen. Ich kam in einen Saal mit zwanzig Leuten, Zeugen Jehovas, Homosexuelle und Politische. Jeden Tag Tütenkleben und Kohlen abladen. Mich behandelten sie wie einen Schwerverbrecher. Die Wärter schoben das Essen nach dem Motto rein: Friß oder stirb! Sie warfen mir vor, daß ich als ehemaliger Häftling und Polizist besonders vorbildhaft hätte sein sollen. Gefangene, die schon länger hier waren, warnten mich vor einem Spitzel in der Zelle. Es sei besser, nicht über das System zu schimpfen. Wenn sich einer besonders interessiert zeigte, machte ich erst recht dicht. Ich wurde aber immer verzweifelter und fand mich nur langsam damit ab, wieder ein paar Jahre zu sitzen. Doch diesmal gelang es mir nicht, ständig still zu halten. Um mir Luft zu verschaffen, beschimpfte ich einmal die Wärter: „Ihr nehmt Euch nicht viel mit den Nazis, ihr habt die gleichen Methoden." Abends im Dunkeln schlugen sie mich. Ich erkannte niemanden.

In den zehn Monaten gab es fast keinen Kontakt zur Aussenwelt. Meine Frau wußte zwar, wo ich war, konnte mich aber nur ein paar Mal unter scharfer Aufsicht kurz besuchen. Renate war schwanger. Sie schlug sich mit ihrer Arbeit in der Gießerei und der Unterstützung ihrer Mutter einigermaßen durch. Nun besaß ich eine eigene kleine Familie, war jedoch nicht in der Lage, mich um sie kümmern.

Endlich erhielt ich einen Termin beim Richter. In der Zelle machten sie mir nicht gerade Mut: „Wenn du die 'Schwarze' als Richterin kriegst, kommst du nicht unter zehn Jahren davon." Kurz vor der Verhandlung erschien ein sogenannter Rechtsanwalt und versuchte mich zu überreden, alles zu gestehen. Doch ich blieb standhaft. Ich entschloß mich zu kämpfen und antwortete: „Ich habe drei Konzentrationslager überlebt, die kriegen mich auch nicht kaputt!" Tatsächlich hatte ich große Angst, als man mich in den Gerichtssaal führte. Ich war auf alles gefaßt.

Die Vernehmung fand unter Ausschluß der Öffentlichkeit statt. Nach den Angaben zur Person, erzählte ich von der Lagerzeit, vom Verlust meiner Familie und dem mühsamen Neubeginn in der DDR. Der Staatsanwalt war ein junger sympathischer Bursche, der sich noch ein paar eigene Gedanken erlaubte. Er war sichtlich beeindruckt von meiner Geschichte und brachte es nicht fertig, mich anzuklagen. „Man kann dem Beschuldigten nicht nachweisen, daß er in West-Berlin war, ich beantrage Freispruch." Das Gericht zog sich zur Beratung zurück. Die Richterin war zum Glück nicht die berüchtigte „Schwarze", vor der mich die Mitgefangenen gewarnt hatten. Trotzdem war es nichts mit dem erhofften Freispruch, als sie nach einer Ewigkeit wieder den Saal betrat. Statt einzuräumen, daß ich unschuldig gesessen hatte, wiederholte sie die Vorwürfe. Auch meine KZ-Vergangenheit legte sie gegen mich aus. Ich hätte aufgrund meiner Geschichte eine besondere Ver-

Ewald Hanstein Anfang der 1950er Jahre

Urgroßvater Anton Schmidt mit Familie, vorne Großmutter Rosina Schmidt als Kind, etwa 1890

Der erste Mann von Rosina Schmidt, gefallen als Soldat im Ersten Weltkrieg, etwa 1915

Das Haus in der Breslauer Klosterstraße, 2003

Beerdigung des kleinen Bruders Willi – Hinten, von links: Großmutter Elisabeth Rosenberg, Onkel Karl Dewüs, Großmutter Rosina Dewüs. Mitte, von links: Ewald, Schwester Gertrud, Cousine Erna, unbekannt, Cousinen Elisabeth und Adelheid. Vorne: Junge aus der Verwandtschaft, 1934

Die Wachmannschaft des Lagers Berlin-Marzahn, 1936

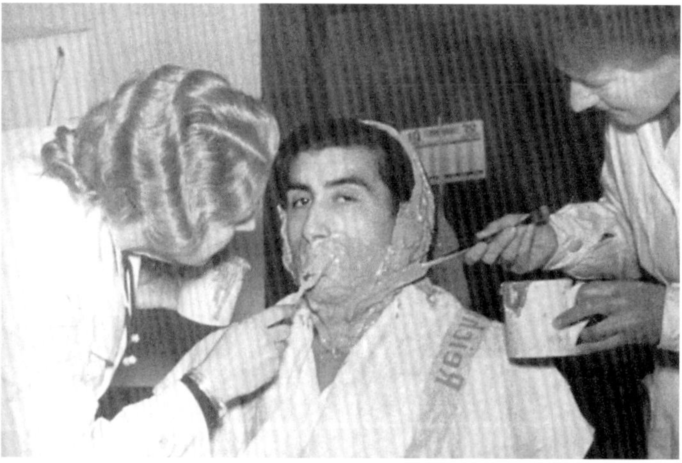

Mitarbeiter der „Rassenhygienischen Forschungsstelle“ in Berlin bei der Herstellung eines Kopfmodelles, etwa 1941

Onkel Rudi Schmidt in Wehrmachtsuniform, etwa 1940

Spezialbock für dir Prügelstrafe sowie ein Knüppel, mit dem Häftlinge geschlagen wurden

Auszug aus der Hauptliste, dokumentiert in der Dauerausstellung zum NS-Völkermord an den Sinti und Roma in Auschwitz-Birkenau

Blick auf die Holzbaracken im Lagerabschnitt B II in Birkenau

Das innere einer Baracke, aufgenommen nach der Befreiung

Frauen und Kinder nach der Ankunft auf dem Nebengleis in Birkenau

K. L. Auschwitz Auschwitz, den 16. April 1943
K. L. Zahnstation.

Betrifft: Angeordnete Untersuchung der Zwillinge aus dem Z.- Lager Birkenau.
Bezug : Ohne
Anlagen : Keine

An
1. Schutzhaftlagerführer
ϟϟ - Standortarzt
A u s c h w i t z

Am 15.4.1943 wurden wie angeordnet bei nachstehenden Z.-Häftlingen Untersuchungen vorgenommen sowie Modelle der Zähne genommen :

1.	Z	4636	Dewüs Margot	geb.	25. 2.27
	Z	4637	Dewüs Elfriede ✓	"	25. 2.27
2.	Z	2381	Behrends Frinka	"	19. 4.21
	Z	2383	Behrends Johann ✓	"	19. 4.21
3.	Z	5645	Ernst Karl ✓	"	12. 3.1o
		113336	Ernst Hermann	"	12. 3.1o
4.	Z	5618	Adler Konrad	"	8. 1.36 (Röntgen-
	Z	5619	Adler Andreas	"	8. 1.36 aufnahmen
5.	Z	2632	Kreutz Johanna ✓	"	9.1o.76
	Z	2660	Kreutz Elise	"	9.1o.76
6.	Z	5751	Pohl Alfred	"	6.11.31
	Z	5752	Pohl Fritz	"	6.11.31
7.	Z	5278	Halonek Drachomie	"	14. 5.36
	Z	5277	Halonek Anna	"	14. 5.36
8.	Z	4975	Hanstein Paul (Zwillingsbruder im K.L. Neuengamme)	"	27. 6.98
9.		[illegible]25	Einacker		

Der leitende Zahnarzt
beim K. L. Auschwitz

ϟϟ- Hauptsturmführer.

Untersuchungsliste von Zwillingspaaren in Auschwitz mit Ewald Hansteins Onkel Paul, 1943

Im Steinbruch – Zeichnung von Auguste Favier, 1944

Bärenzwinger im KZ Buchenwald

Krematorium im KZ Buchenwald

Ankunft in Buchenwald – Zeichnung von Auguste Favier, 1943

Teil des Kohnsteins von Süden aus, 1945

Arbeit im Stollen – Zeichnung des französischen Häftlings Guy Boisot, 1944

Eingang in den Stollen im Kohnstein, nördlicher Bereich

Kranzniederlegung in der Gedenkstätte Mittelbau-Dora –
Im Hintergrund: das Krematorium, Januar 2004

Renate Hanstein mit dem Sohn Norbert in Eggersdorf, 1948

Ewald Hanstein – Paßbild, 1948

Mit Sohn Norbert in Schönebeck, 1950

Gertrud Pawletzki mit Hermann Ernst, um 1955

Mit Ehefrau Renate und Sohn Norbert vor dem Mietshaus in Schönebeck, 1952

Cousine Elisabeth Lehmann, geborene Dewüs, 1955

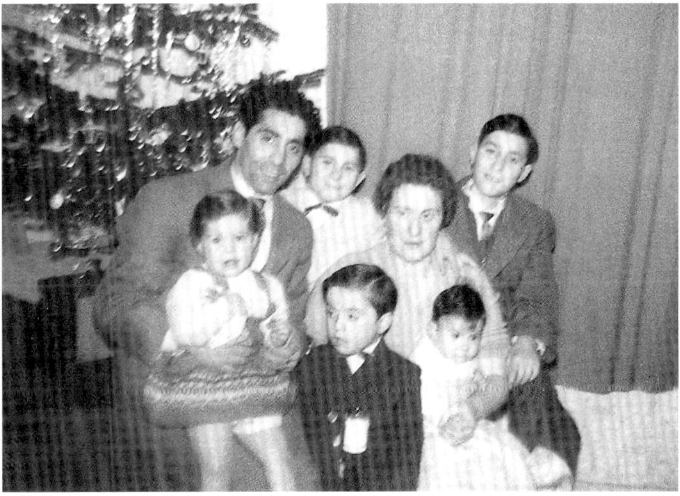

Weihnachten in Bremen: Renate und Ewald Hanstein mit ihren Kindern – Hinten: Harald und Norbert. Vorne: Helma, Matthias und Thomas, 1962

Firmengebäude der Borgward-Gruppe, um 1958

Auftritt der Rhythmusgruppe Hanstein mit den legendären Peheiros im „Lüssumer Grund" – Links: Ewald Hanstein, um 1955

Ewald Hanstein mit dem tschechischem Akkordeonspieler Hans Ritschel Ende der 1950er Jahre

Ausflug im Sommer 1959

Sinti-Kinder am Warturmer Platz, etwa 1965

Sinti-Platz am Warturm, etwa 1965

Ewald Hanstein bei einem Auftritt in den 1990er Jahren

Rosita Hanstein, etwa 1992

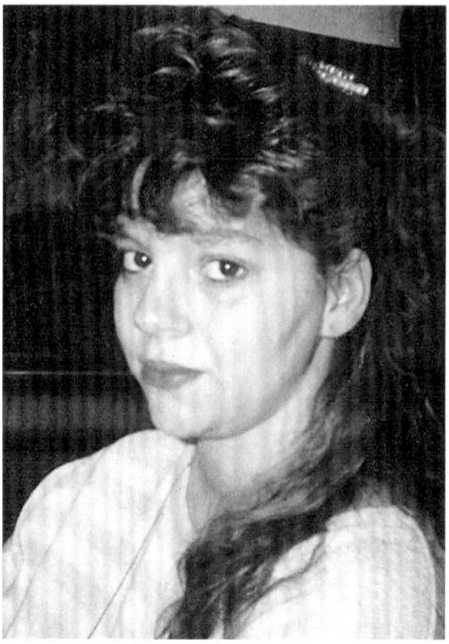

Ewald Hansteins Tochter Ramona, etwa 1988

Mit Albert van Dijk und einem polnischen Überlebenden in Nordhausen, 1995

Romani Rose und Ewald Hanstein übergeben dem ehemaligen Bremer Bürgermeister Klaus Wedemeier im Bremer Rathaus die Hauptbücher des „Zigeunerlagers" in Auschwitz, etwa 1992

Die „Hauptbücher" des „Zigeunerlagers"

Vorstand des Zentralrates der deutschen Sinti und Roma beim Besuch in Washington – Von links: Ricky Adler, Franfurt, Romani Rose, Heidelberg, Otto Rosenberg, Berlin, und Ewald Hanstein, 1993

Mit einer Delegation des Zentralrates am Berliner Reichstag, etwa 1994

Ewald Hanstein mit Thüringens Ministerpräsident Bernhard Vogel und Landtagspräsident Frank-Michael Pietsch in Mittelbau-Dora, 1999

Ewald Hanstein in der Dauerausstellung zum NS-Völkermord an den Sinti und Roma im Staatlichen Museum Auschwitz, 2003

Rede in der alten Kommandantur der Gedenkstätte Buchenwald, um 1995

Romano Hanstein/Romeo Gitano, 2004

Ewald Hanstein mit Ralf Lorenzen am Ohlauer Ufer in Breslau, 2003

Ewald Hanstein, Willi Frohwein und Ingrid Rost, Mitarbeiterin des Thüringer Landtages in Nordhausen, 2004

Ewald Hanstein mit Bundespräsident Richard von Weizsäcker, 1993

Gedenktafel für die ermordeten Sinti und Roma am Kulturzentrum Schlachthof in Bremen, 1995

antwortung. Doch dann sprach sie den erlösenden Satz: „Zehn Monate sind genug, Sie können nach Hause gehen!"

Flucht in den Westen

Zehn Monate war ich ohne Verurteilung in Haft gewesen. Entlassungspapiere erhielt ich nicht. Nur einen Schein, damit ich, der ehemalige Bahnpolizist, mit dem Zug nach Hause fahren konnte. Von Renate wurde ich sehnlichst erwartet. Zum ersten Mal konnte ich meinen Sohn Harald in die Arme schließen. Ich war fest entschlossen, meine Familie so bald wie möglich in den Westen zu bringen.

Man entließ mich nicht nur aus der Volkspolizei, auch die SED und VVN legten keinen Wert mehr auf meine Mitgliedschaft. Das war mir egal, von Politik hatte ich ohnehin genug. Ich zog mich zurück und kümmerte mich nur noch um meine Familie. Als Lagerarbeiter war ich bei der HO tätig, der Handelsorganisation der DDR. Später belieferte ich als Kraftfahrer die kleinen Filialen. Weil ich den Gesellenbrief als Schlosser besaß, schickten mich meine Vorgesetzten schließlich in eine Fabrik, die Schrauben, Muttern und Kugellager produzierte, um die Drehbänke einzustellen.

Zweimal in der Woche mußte ich mich bei der Polizei melden. Ich war sehr vorsichtig, wem ich was erzählte, z.B. wenn ich mit meinem Nachbarn, einem Erzkommunisten, über die Zeit im Zuchthaus sprach. Meine Kollegen bei der Polizei waren vom Erdboden verschwunden, bis auf Otto Henning, den Schlachter. Er hielt zu mir und besuchte uns hin und wieder. Auch zu den Musikerkollegen und einigen Nachbarn blieb die Freundschaft glücklicherweise erhalten, vor allem zu dem Pfundskerl Rudi, der über mir wohnte. Ihm vertraute ich als einzigem an, daß ich abhauen wollte. Sämtliche Fotografien aus der Zeit bei der Polizei hat er später bekommen. Geblieben war mir auch die Musik. Nicht der Propaganda-Kitsch des Erich-Weinert-Ensembles, sondern meine Musik, wie ich sie liebe. Es gab ein Hallo, als ich eines Samstagabends wieder im „Grünen Jäger" auftauchte und die Gitarre anstimmte. Hier war es egal, was einer war und wo er herkam.

Trotzdem fühlte ich mich nach der Knast-Zeit wie ein Fremder im eigenen Land. Ich hatte kein Vertrauen mehr in die Menschen und glaubte nicht mehr an den Aufbau eines sozialistischen Staates, der seine Minderheiten schützt. Ich war restlos enttäuscht und fest entschlossen, das Land so bald wie möglich zu verlassen. Mehr denn je seit der Befreiung sehnte ich mich auch nach der Gemeinschaft mit anderen Sinti. Zweimal noch ging dieser Wunsch während meiner DDR-Zeit in Erfüllung.

Eines Abends erkannte ich im Publikum des „Grünen Jägers“ plötzlich Karl Fröhlich, der auch in Auschwitz gewesen war. Sofort bin ich von der Bühne runter, und wir haben erst mal kräftig einen gehoben. Solange sie noch mit Pferd und Wagen reisen konnte, besuchte uns auch die Familie Fröhlich noch ein paar Mal.

An das Datum der zweiten Begegnung mit einer Sinti-Familie erinnere ich mich genau. Es war am 17. Juni 1953, dem Tag des Aufstandes in der DDR. Auch in Schönebeck wurde gestreikt und demonstriert. Ich fand es gut, daß die Regierung Gegenwind bekam, beteiligte mich selbst aber nicht an Aktionen, weil ich vorsichtig sein mußte. Am Bahnhof traf ich zwei Sinti aus Halle wieder. Einer war der Schwiegervater meiner Schwester Gertrud. Auch er hatte Auschwitz überlebt und sagte mir, daß Elisabeth mit ihrer Familie in Nordhausen stand, an der Boelcke-Kaserne. Ausgerechnet dort! Kurz danach fuhr ich hin. Sie waren inzwischen aber mit Pferd und Wagen in den Westen gegangen.

Ich mußte den richtigen Moment zur Flucht abwarten; es wimmelte von Spitzeln. Doch im Februar 1954 geriet ich in Zugzwang. In einer Gastwirtschaft traf ich den kleinen, älteren Bahnpolizisten wieder, der mich in den Knast gebracht hatte. Bei seinem Anblick wurde ich so wütend, daß ich auf alle guten Vorsätze und jede Vorsicht pfiff. Ich faltete ihn nach Strich und Faden zusammen. Wahrscheinlich habe ich ihn auch als Nazi bezeichnet und alle seine Polizeikameraden gleich mit. Er drohte mir, daß mein Verhalten Folgen haben würde. Als ich das Lokal verließ, war meine Zeit in der DDR abgelaufen.

Ich packte das Nötigste ein, schnappte meine Gitarre und fuhr mit dem Zug nach Berlin, wo ich ja alle Bahnhöfe kannte. Im Bahnhof Friedrichstraße hieß es: Hier endet der demokratische Sektor von Berlin. Der Zug hielt, die Türen öffneten sich. Auf dem Bahnsteig standen zwei Bahnpolizisten, die mich erkannten. „Hallo Ewald, wo willst du hin?“ Sie dachten, ich steige aus; mir rutschte das Herz in die Hose. Die Tür schloß sich, und die beiden Ex-Kollegen guckten mir verdutzt hinterher. Neben mir sagte ein Mann, der die Szene beobachtet hatte: „Da haben Sie aber Dusel gehabt." Ich antwortete: „Jetzt bin ich frei."

Erst in Tegel stieg ich aus und meldete mich sofort im Auffanglager. Zur Begrüßung wurde ich erst einmal gründlich vernommen, von Amerikanern, Engländern, Franzosen und Deutschen. Ich war verblüfft, was sie alles von mir wußten. Auch die West-Spione in der DDR leisteten ganze Arbeit.

„Sie waren doch bei der Volkspolizei!" Sogar Fotos, die mich in voller Montur beim Erich-Weinert-Ensemble zeigten, hielten sie mir vor. „Das war doch politische Musik!" ergänzten sie. Natürlich war es das, aber sie konnten mir nicht nachsagen, daß ich jemals jemanden denunziert oder in den Knast gebracht hatte. Schließlich hieß es: Sie können raus aus Berlin. Ich wollte schnell weg, als ehemaliger Bahnpolizist war ich immerhin Geheimnisträger, und es gab etliche Spione von drüben in West-Berlin.

Einige Tage später reiste mir Renate nach, nur mit einer Tasche und den beiden Kindern. Unser Hab und Gut mußten wir in Schönebeck lassen. Hätten wir etwas verkauft, wäre man uns auf die Schliche gekommen. Von Tempelhof ging es mit dem Flugzeug nach Hamburg und anschließend per Bus nach Bremen weiter. Die schöne Stadt an der Weser wurde meine neue Heimat – mit Unterbrechungen bis zum heutigen Tag. Ich ahnte nicht, wie lange es dauern würde, mich hier zu Hause zu fühlen.

Bremen 1954-1966

Ankunft im Auswandererlager

Wieder in einem Lager, diesmal aus freien Stücken. Kein Stacheldraht, keine Gewalt, nur Mißtrauen und Kälte. Kein Grund zu klagen! Auch Bremen war im Krieg zerstört worden, und es gab kaum Wohnraum. Neben vielen ausgebombten Bremern waren auch die Flüchtlinge aus den ehemaligen Ostgebieten und der DDR auf der Suche nach einer Unterkunft. Viele lebten in kleinen Parzellen-Häuschen, den sogenannten Kaisen-Häusern. Der damalige Bürgermeister Kaisen hatte es erlaubt. Er ließ aber noch ganz andere Sachen zu, von denen ich erst später erfuhr.

Mit anderen sogenannten Ostzonen-Flüchtlingen wurden wir im März 1954 im Auswanderer-Lager in Bremen Nord untergebracht. Es war ursprünglich für Leute erbaut worden, die über den großen Teich emigrieren wollten. Der Weser-Kurier vom 9. April 1953 berichtete: „Lagerverwalter Muche hat jetzt alle Hände voll zu tun. Erst vor wenigen Tagen erhielt er den Auftrag, in Lesum ein Lager für Ostzonenflüchtlinge einzurichten. Von der Bremer Überseeheim GmbH wurden dem Sozialamt Bremen in Lesum vier Wohnblocks zur Unterbringung von etwa 400 Flüchtlingen übergeben. Die Häuser sind bereits durch einen Zaun vom Auswandererlager Lesum abgetrennt worden. Maler und Installateure gestalten die Räumlichkeiten wohnlich, sie sorgen auch für Gasanschlüsse. Noch vor gut anderthalb Jahren hörte man zwischen diesen Häusern fremdartiges Stimmengewirr ... Zu dieser Zeit war das Lager noch ein Sammelbecken für osteuropäische DPs (Displaced Persons). Tausende dieser Entwurzelten erwarteten hier die Umsiedlung in eine neue Heimat in Übersee. Sammelbecken oder Durchgangsstation ist dieses Lesum auch jetzt noch. Heute sind es aber meist gut gekleidete Deutsche, die auf ihre Überfahrt nach Kanada oder Australien warten. Rund hundert Ostzonenflüchtlinge sollen in jedem der vier Blocks untergebracht werden. Die einzelnen Räume sind 16 bis 24 Quadratmeter groß – 24 Quadratmeter sind für acht Personen bemessen.“

Wir teilten unser Zimmer mit einer Decke in zwei Räume, ein Schlafzimmer und ein Wohnzimmer. Natürlich traten wir uns ständig auf die Füße. Norbert und Harald, inzwischen vier und sechs Jahre alt, brauchten ihren Auslauf. Ich wäre gern mal mit Renate allein gewesen. Trotzdem waren wir froh, hier zu sein. Wenn ich geahnt hätte, wie die anderen Sinti in Bremen ein paar Kilometer entfernt zur gleichen Zeit lebten, hätte ich mich für unsere Luxusunterkunft geschämt.

Arbeit besaß ich in den ersten Wochen noch nicht, die staatliche Unterstützung für DDR-Flüchtlinge beschränkte sich auf einmalige 183 DM. Unverhofft fand sich eine andere Einnahmequelle. Einmal in der Woche wurde ich in den Schwarzen Weg im Stadtteil Gröpelingen vorgeladen, wo in einer ehemaligen Kaserne die englische und amerikanische Militärpolizei residierten. Als ehemaliger Bahnpolizist war ich ein interessanter Informant. In einem engen, muffigen Raum befragten mich die Polizisten ausführlich nach meinen Erlebnissen in der DDR. Als ich von den Uran-Transporten aus Aue an die russische Grenze berichtete, bekamen sie ganz leuchtende Augen. So wie ich in der DDR behandelt worden war, fühlte ich mich nicht zur Geheimhaltung verpflichtet. Trotzdem sagte ich nicht mehr aus, als unbedingt erforderlich. Am Ende jeder Vernehmung drückte man mir 20 DM in die Hand – viel Geld für mich. Es reichte, um meine Familie über die Woche zu bringen.

Wieder von vorn beginnen. In der DDR verfügte ich neben meiner Familie noch über ein soziales Netz aus Nachbarn, Kollegen und Musikern. Nun waren wir vollkommen auf uns allein gestellt. Die Stimmung im Auswandererlager war alles andere als freundschaftlich, es gab kaum vertrauliche Gespräche unter den DDR-Flüchtlingen. In jedem Nachbarn sah man den langen Arm der Stasi, der Umgang miteinander war von Mißtrauen geprägt. Für mich war das Gift! Einen Scherz hier, ein nettes Wort dort – ich brauche den Kontakt mit Menschen wie die Luft zum Atmen. Das ist noch heute so. Wenn ich mit meiner Frau durch die Straßen gehe, ist sie schon nach kurzer Zeit entnervt, weil ich mit jedem Zweiten erst mal ein paar Worte wechseln muß. Aber hier war nur Schweigen. Das änderte sich Mitte des Jahres schlagartig.

Als ich abends von der Arbeit kam, traute ich meinen Augen nicht. Mitten in unserer Wohnung stand Adelheid, meine geliebte Cousine Adelheid, die ich seit Auschwitz nicht mehr gesehehen hatte. Nach all den Jahren war sie der erste Mensch aus meiner Familie, den ich wieder in die Arme schließen konnte. Es war einer der schönsten Momente in meinem Leben. Ich glaube, Adelheid ging es genauso. Sie war rein zufällig beim Hausieren an unsere Wohnungstür gekommen. Ich erfuhr, daß Adelheid von Auschwitz nach Bergen-Belsen gekommen und dort befreit worden war. In Bremen hatte sie Hugo Ernst geheiratet, mit dem sie im Laufe der Zeit acht Kinder bekam. 1955 lebte die Familie auf dem sogenannten Riespott.

Riespott – Ein schreckliches Geheimnis

Die überlebenden Sinti, die sich nach dem Krieg wieder in Bremen einfanden, ließen sich auf Trümmergrundstücken, ohne sanitäre Anlagen und Stromanschlüsse nieder. Sie waren über die ganze Stadt verteilt. Dafür hofften sie, endlich unbehelligt leben zu können. Die meisten waren körperlich und seelisch vollkommen ausgelaugt und hatten alles verloren: Familie, Hab und Gut. Da wäre es doch das Normalste auf der Welt gewesen, daß man sie jetzt nach dem Ende der Nazizeit wenigstens in Ruhe lassen würde. Die Hoffnung trog. Während man die Existenz von Sinti und Roma in der DDR totschwieg, wurde sie im Westen zum Skandal erklärt. Die Polizeiberichte hätten bei Himmler abgeschrieben sein können, und die Presseberichte beim „Stürmer", sie strotzen vor Ausdrücken wie „Zigeunerplage", „asozial" und „arbeitsscheu". Als gesetzliche Grundlage der neuerlichen Vertreibung mußte eine alte Verordnung herhalten, die „Polizeiverordnung über das Wohnen in Wohnwagen auf freien Plätzen" vom 4. August 1933. Sie war eigens dazu erfunden worden, Sinti und Roma das Aufstellen ihrer Wagen in Städten unmöglich zu machen. Die Verordnung erhielt 1956 sogar Gesetzesrang – in modernisierter Form selbstverständlich.

Die Länder und Gemeinden überboten sich darin, den Sinti und Roma das Leben so schwer wie möglich zu machen, damit sie ja nicht bei ihnen Quartier bezogen. Aber die meisten konnten in der Nachkriegszeit ohnehin nicht mehr fahren. Sie besaßen kaum noch Pferde, und nur die wenigsten vermochten sich schon Zugmaschinen zu leisten. Wie sollte man sie über die Landesgrenzen jagen? Also setzte man eine Hetzkampagne über die Medien in Gang, um sie zumindest aus den Augen der Bevölkerung zu bekommen. Wer lesen konnte, erfuhr, daß er „das Straßenbild verunstaltet", die „öffentliche Gesundheit" und die „Jugend sittlich gefährde". Aber es konnte ja kaum ein Sinto lesen.

Polizeichef Dr. Jordan suchte „die Zigeuner so weit wie möglich von der Stadt entfernt unterzubringen, wobei insbesondere in Erwägung gezogen werden muß, daß ein solcher Platz verkehrstechnisch möglichst ungünstig liegt, damit die Zigeuner nur unter großen Schwierigkeiten die Stadt erreichen können."[18] Die Lager im Stadtgebiet wurden im August 1949 aufgelöst und die Bewohner unter Polizeiaufsicht zum neu eingerichteten Sammellager Riespott gebracht. Kriminalsekretär Brix frohlockte in seinem Bericht, daß es im Stadtgebiet nun keine „Zigeunerplage" mehr gebe.[19] Genauso gut hätte er schreiben können, Bremen sei „zigeunerfrei", so wie es 1936 in Berlin nach Einrichtung des Lagers Marzahn hieß. Tatsächlich erinnerte am Riespott vieles an das Lager Marzahn – nicht nur, weil die Polizei das neue Sammellager gern „Rastplatz" nannte.

Ich hatte in den ersten Monaten nach meiner Ankunft in Bremen keine Ahnung, daß in meiner Nähe eine Sinti-Gemeinschaft lebte. Dabei betrug die Entfernung zwischen dem Auswanderer-Lager und dem Riespott nur ein paar Kilometer. Nun nahm Adelheid mich mit und mit einem Schlag war das isolierte Dasein vorbei. Für mich war es die erste Verbindung zu anderen Sinti nach dem Krieg, außer den kurzen Begegnungen in Eggersdorf und Schönebeck. Ich war wieder mang Sinti, wie wir sagen, und Teil einer großen Familie. Endlich konnte ich mich wieder täglich in Romanes unterhalten. Da waren Menschen, die mich ohne große Worte verstanden und in den Traditionen lebten, die ich von früh auf kannte. Renate war nicht so begeistert von der Sippe. Sie begleitete mich zwar hin und wieder, verstand aber die Sprache nicht und hätte mich lieber für sich gehabt.

Zum Wohnen hätte man mich aber auf den Riespott prügeln müssen. Die Verhältnisse waren erbärmlich. Der Platz war seit zwanzig Jahren als Lager in unterschiedlichsten Funktionen genutzt worden, anfangs für den Reichsarbeitsdienst. Auf dem überwucherten Gelände standen noch einige alte primitive Baracken herum, zu denen sich nun die schäbigen Wagen der neuen Bewohner gesellten. Für fast 100 Menschen gab es nur einen einzigen Wasserhahn. Das Lager wurde von der Polizei permanent überwacht und täglich kontrolliert. Die Zustände dienten vor allem dem Zweck, die reisenden Sinti von einem Besuch in Bremen abzuhalten. Aber das Fürchterlichste an dem Ort konnte man nicht sehen – noch nicht.

Den Bewohnern erzählte man nur, daß in dem Lager Fremdarbeiter der Stahlhütte untergebracht gewesen waren. Ich hatte gleich so eine Ahnung, als ich das erste Mal auf den Platz kam und die beiden Baracken sah. Auch der Stromerzeuger, von dem alle Drähte abgingen, erinnerte mich an etwas. Und erst recht der Schotter, der an einer Stelle des verwilderten Geländes durchschimmerte.

„Das war wohl der Appellplatz", sagte ich, ohne groß nachzudenken, zu Hugo Ernst. „Du bist wohl verrückt", wehrte er ab. Daran wagte nun wirklich niemand zu denken. Wenig später hieß es, es würde spuken. Jeden Abend zwischen zwölf und eins hörte Gertrud Pawletzki Schritte in der Baracke. Doch wenn sie aus dem Bett aufstand, war niemand mehr da. Nun glaubte ich auch damals im Gegensatz zu anderen Sinti nicht an Geister. Aber ich wußte, daß viele Sinti über einen sechsten Sinn verfügen, der sie besonders hellhörig für versteckte Phänomene macht. Schließlich kam doch etwas ans Tageslicht.

Von den benachbarten Klöcknerwerken war viel altes Eisen auf dem Gelände abgelagert worden. Danach suchten die Riespott-Bewohner, um es zu verkaufen oder Schrott zu machen, wie man sagte. Manchmal buddelten sie dabei auch in der Erde. Eines Tages suchte mich Hugo Ernst ganz aufgeregt auf und sagte: „Ich habe einen Totenkopf gefunden." Meine anfänglichen Vermutungen schienen sich zu bestätigen. Aber als wir bei den Behörden nachfragten, wurde wieder vertuscht und gelogen. Wenn schon damals ruchbar geworden wäre, daß der Riespott ein ehemaliges Konzentrationslager war, hätte kein einziger Sinto auch nur eine Nacht länger dort bleiben können. Immerhin waren die meisten von ihnen Auschwitz-Überlebende. Orte, an denen Menschen umgekommen sind, sind für Sinti als Wohnort tabu. Erst in den 1970er Jahren, als sich das erste Mal die Öffentlichkeit für diese Dinge interessierte, kam heraus, daß der Riespott ein Nebenlager des KZ Neuengamme gewesen war. Wie krank müssen die Köpfe der Verantwortlichen im demokratischen Bremen gewesen sein, dutzende Auschwitz-Überlebende auf dem Grund eines ehemaligen Konzentrationslager zusammenzupferchen, nur um sie aus den Augen ihrer Bevölkerung zu haben. Doch auch ohne dieses Wissen war mir damals klar, daß etwas geschehen mußte. Es waren nicht nur die Wohnverhältnisse und die täglichen Diskriminierungen, die uns zu schaffen machten; die Behörden betrogen und belogen uns.

Als einer der wenigen „schriftgelehrten“ Sinti wurde ich schnell zum Interessenvertreter unserer Minderheit. Besonders im Umgang mit Behörden war meine Erfahrung gefragt. Endlich zahlten sich einmal die Kader-Schulungen in der DDR aus. Und so dauerte es nicht lange, bis ich weitere Lügen aufdeckte. „Rückwanderer“ aus Konzentrationslagern hatten Anspruch auf eine einmalige Soforthilfe. Eine Sinti-Familie kam zu mir und bat mich, ihre Unterlagen zu prüfen. Als ich mir die entsprechenden Schriftstücke ansah, mußte ich meinen Leuten die Augen öffnen. Mit ihrer Unterschrift hatten sie auf jegliche weitere Ansprüche verzichtet. Erfahrungen wie diese haben unser Mißtrauen gegen die Behörden weiterhin verstärkt. Die Bürgerrechtsarbeit, mit der ich Ende der 1970er Jahre begann, hat ihre Wurzeln in den Monaten auf dem Riespott.

1955 sind wir mit etlichen Männern zum Senat gegangen: „So geht es nicht weiter, wir leben ja nicht viel besser als im Dritten Reich.“ Und tatsächlich änderte sich bald etwas. Aber nicht, weil wir es gefordert hatten und erst recht nicht zum besseren. Die Klöckner-Werke benötigten das Gelände am Riespott, und die Behörden beschlossen, das Sammellager aufzulösen und ein neues „Landfahrerlager“ am Warturmer Platz einzurichten – direkt neben einer Müllkippe. Die Verlegung sorgte für heftige Proteste in der Bevölkerung. Aber nicht wegen der Ansiedlung neben einer Müllkippe, sondern aus Angst der dort ansässigen Kleingärtner vor ihren neuen Nachbarn. Die Proteste wurden zum Thema einer legendären Debatte der Stadtbürgerschaft am 7. Juni 1955. Das Protokoll hat die Rede von Regierungsdirektor Löbert festgehalten, der u.a. ausführte: „Die Landfahrer, die heute noch in dem Lager ansässig sind, haben sozusagen die erste Stufe der Zivilisation erklommen (große Heiterkeit) ... Mit der Errichtung des Lagers Riespott wurde aber noch ein weiterer Zweck erreicht. Die auch noch weiterhin in Westdeutschland umherziehenden

Zigeunerstämme haben es eigentlich nach der Einrichtung des Lagers nach und nach vermieden, Bremen anzulaufen. Die Lage des Platzes draußen war ihnen zu weit entfernt. Außerdem machten ihnen die Einrichtung eines Lagerverwalters und andere Kontrollen das Aufsuchen dieses Platzes doch so unbequem, daß sie es vorzogen, gar nicht mehr nach Bremen zu kommen."[20] Mit dem neuen Standort am Warturmer Platz erhoffte man sich einen ähnlichen Erfolg.

Warturmer Platz – An der Müllhalde

Die Umsiedlung zum Warturmer Platz erfolgte am 22. Juni 1955. Wenn man dem Weser-Kurier vom folgenden Tag glaubt, ging es recht gemütlich zu: „Regierungsdirektor Löbert mußte seine ganze Redekunst aufwenden und seine Zigarettentasche leeren, bevor die Jünger der Landstraße sich bewegen ließen, das alte Feld zu räumen." Der Wahrheit näher kam die Norddeutsche Volkszeitung: „Mit Polizeigewalt mußten gestern die im Riespott wohnenden Zigeuner weggebracht werden, weil sie sich weigerten, dem beauftragten Spediteur den Zugang zum Gelände zu gestatten."

Der Widerstand hatte einen simplen Grund: am Warturmer Platz waren die Verhältnisse noch schlechter als auf dem Riespott. Einige Sinti verließen Bremen lieber ganz und wurden bei der Anschaffung von Zugmaschinen großzügig vom Bremer Senat unterstützt. Klar, daß sie versprechen mußten, nicht mehr zurückzukehren. Anderen gelang es, in Wohnungen oder auf Parzellen unterzukommen. Gertrud Pawletzki kaufte ihre Spuk-Baracke, baute sie ab und stellte einen Teil in der Nähe der Hüttenstraße wieder auf. Knapp 40 Sinti bezogen den 100x30 Meter großen Platz. Unter ihnen auch Adelheid und Hugo Ernst.

Auf der Müllkippe landeten die Abfälle aus dem Krankenhaus und vom Großmarkt. Vom Lager nur durch einen Maschendrahtzaun getrennt, ließen sich Ratten, Ungeziefer, Gestank und Rauch nicht aufhalten. Der Boden war nicht befestigt, bei Regen erreichte man infolge des Schlammes den Nebenwagen nicht mehr. Die Toilettenanlagen waren primitiv, die Trinkwasserversorgung unzureichend. In den aufgebockten Wohnwagen und Behelfsbauten mußten zum Teil 7 Menschen auf 4 qm leben. Viele Kinder erkrankten regelmäßig. Mehr als einmal haben wir die Behörden alarmiert und auf die Seuchengefahr hingewiesen. Das Gesundheitsamt forderte schließlich die Behebung der Mißstände. Doch der Innensenator lehnte bauliche Verbesserungen ab. Schließlich sollte der Platz seine abschreckende Wirkung behalten, damit „Landfahrer" weiterhin einen Bogen um Bremen machten.

Die Behörden stritten sich in den nächsten Jahren weiter, doch es änderte sich erst etwas, als der Senator für das Gesundheitswesen 1970 jegliche Verantwortung ablehnte, falls die Lagerbewohner noch einen weiteren Winter auf dem Platz verbringen müßten. In dieser Zeit veränderte sich auch das gesellschaftliche Klima zu Gunsten von Randgruppen. Bis Juni 1972 wurden die auf dem Warturmer Platz lebenden Sinti in Schlichtbauwohnungen oder in zum Abbruch bestimmten Häusern untergebracht.

Borgward – Dach der Isabella

Für mich persönlich verbesserten sich die Lebensumstände schneller. Ich bin ein Mensch, der sich schnell eingewöhnen kann. Brot wird überall gebacken, sage ich mir, und wenn ich Arbeit habe, kann mir nicht viel passieren. Gleich nach meiner Ankunft meldete ich mich beim Arbeitsamt, und es dauerte nicht lange, bis ich eine Stelle als Schweißer und Schlosser für 1,73 DM in der Stunde bei der Firma Borgward erhielt. Carl F.W. Borgward, der „Mann mit der Zigarre", stellte eine der Symbolfiguren des Wirtschaftswunders dar. Eng mit seinem Namen verbunden waren die Automarken Goliath, Hansa, Lloyd und Borgward.

Das bekannteste und schönste Auto von Borgward dürfte die Isabella gewesen sein. Und an ihr arbeitete ich mit. Zuerst verstärkte ich in der Zentrale in Hastedt die Holme der Isabella. Später versetzte man mich in die Buchtstraße, wo die schon fahrbereiten Karossen mit einem Aufzug in unsere Montagehalle gehievt wurden und wir zu dritt die Schiebedächer in die Isabella einbauten. Als Schweißer mußte ich die Fläche im Dach nach Maß ausschneiden. Ein Tischler fertigte den Holzrahmen, brachte die Leisten an und verschraubte den Himmel, das Kunststoffdach. Zum Schluß sorgte der Lackierer für die

Farbe. Es war ein gutes Arbeiten, und wir waren ganz selbständig. Mit dem Meister kam ich prima aus; er machte mich zum Kolonnenschieber, wie man den Vorarbeiter damals nannte.

„Schwatten, wie veel schaffst du an' Dach?" „Schwarzer" war mein Spitzname, wie bei den Schippern in Breslau, aber der Meister sprach nur Plattdeutsch. „Och Meister, zwei können wir wohl schaffen." „Goot, wenn ji dree schafft, kriecht ji Präämje." Wir schafften locker drei Dächer am Tag und fanden immer noch genug Zeit, uns auf die Karossen zu setzen und Musik zu machen: Max, der Tischler, am Akkordeon und ich an der Gitarre.

Die Dachkonstruktion der Isabella hatte eine Schwachstelle. Bei den Probefahrten hörten wir deutlich, wie der Rahmen knackte und das Holz arbeitete. Das ließ mir keine Ruhe. Ich überlegte lange, bis ich endlich die Lösung fand. Ich formte feine Knotenbleche und verstärkte damit an zwei Stellen die Ecken, um dem Holzrahmen mehr Halt zu geben. Ich war der einzige, der Feinbleche schweißen konnte. Damit es nicht zu heiß wurde, klopfte ich die Ummantelung der Elektrode ab und schweißte nur mit dem Draht.

„Schwatten, dat hest du goot mokt", sagte der Meister und setzte bei der Firmenleitung durch, daß ich ein paar hundert Mark Prämie erhielt. Anschließend brachte ich vielen Kollegen bei, die Feinbleche zu schweißen.

Auch wenn es nur eine Kleinigkeit war: es macht mich immer noch ein bißchen stolz, daß ich ein Detail zur Konstruktion der legendären Isabella beigetragen habe. Das Tüfteln ist immer noch meine Art, ob am Auto oder im Haus. Ich überlege mir immer, was kannst du jetzt machen, kannst du es verbessern? Wie damals bei Borgward.

Mit meinen Arbeitskollegen bin ich sehr gut ausgekommen. Sie wußten von meiner Herkunft aus der ehemaligen DDR und meiner Sintizugehörigkeit. Manchmal gingen wir nach Feierabend noch einen trinken. „Ewald, kommts du mit zum Remmer?"

„Ich muß zu Renate und den Kindern." Aber dann bin ich doch manchmal mit.

Wenn ich in den Schulen von meinen Erinnerungen berichte werde ich oft gefragt, ob ich damals nicht in jedem Deutschen einen Nazi sah, schließlich waren seit Kriegsende erst neun Jahre vergangen. Ich wußte 1954/55 jedoch nicht so genau, wie viele Nationalsozialisten noch in Ämtern saßen, auch in Bremen. Erst später erfuhr ich, daß es hier noch viele Nazis gab, die wieder Funktion hatten.

Wir waren erst mal froh, daß wir überlebt haben und frei waren. Das war für uns entscheidend. Natürlich sagten die Leute aus meinem Jahrgang immer, daß sie nie in der NSDAP waren. Die anderen aber waren alle in der Partei. Aber für mich war immer wichtig, ob sie mich als Kollegen anerkannten. Erst später, als wir mit der Vereinsarbeit anfingen, forschten wir nach und sind zu den Anti-Faschisten gegangen.

Rhythmusgruppe Hanstein – Zwischen Haus und Wagen

Ein Lebenstraum war nach vielen Umwegen in Erfüllung gegangen: ich konnte als Schlosser arbeiten. Das gab mir soviel Selbstbewußtsein, daß ich bald darauf einen weiteren lange gehegten Wunsch in die Tat umsetzte. Ich gründete eine eigene Band. Da ich gleich nach meiner Ankunft in Bremen in verschiedenen Kneipen wieder in die Saiten griff, fand ich ohne Mühe die passenden Mitstreiter für mein Unterfangen: einen Bassisten, der im Hauptberuf bei Radio Bremen arbeitete und einen ehemaligen Seemann, der Akkordeon spielte. Ein Schlagzeuger und ein Saxophonist ergänzten das Quintett. Durch meine guten Kontakte bei Borgward erhielten wir die Erlaubnis, einen Raum nach Feierabend zum Proben zu benutzen. Meine beiden Arbeitskollegen zimmerten Stellschilder und lackierten sie schwarz-weiß. Solche Schilder waren in den fünfziger und sechziger Jahren sehr modern bei Tanz-Orchestern. Auf unseren Schildern stand auf großen Lettern: RH, Rhythmusgruppe Hanstein. Verstärker besaßen wir auch schon.

Auf Schützenfesten und Hochzeiten in Bremen, Bremerhaven und Umgebung erspielten wir uns schnell einen guten Namen. Auch von den Betriebsfesten bei Borgward waren wir nicht wegzudenken und waren fast so etwas wie eine Betriebskapelle von Borgward.

Neben den Klassikern der Tanzmusik nahmen wir auch die neuesten Schlager in unser Repertoire auf, wie zum Beispiel „Die Beine von Dolores“ von Gerhard Wendland. Die aktuellen Textbücher gab es in Musikgeschäften, und die Melodien hörten wir uns aus dem Radio ab. Unser Bassist schrieb dann die Noten auf, die ich zwar immer noch nicht lesen konnte, aber das brauchte ich auch gar nicht. Hin und wieder bekamen wir ein paar Mark Gage, aber meistens waren Essen und Trinken der Lohn. Letzteres nicht zu knapp: „Noch 'ne Lage für das Orchester!" schallte es nicht selten durch den Saal.

An einen Auftritt erinnere ich mich mit besonderer Freude. Bei einem Heimatabend für Flüchtlinge in der Gaststätte „Lüssumer Grund" war noch eine zweite Gruppe eingeladen worden: die drei „Peheiros". Sie waren nach den Anfangsbuchstaben ihrer Mitglieder benannt: Peter, Heinz und Robert. Die Peheiros stellten ab Mitte der fünfziger Jahre eine „große Nummer" dar, nicht nur in Bremen, sondern in ganz Deutschland. Sie nahmen mit ihren Blödeltexten die Schlager der Zeit auf die Schippe und sorgten mit satirischem Biß für frischen Wind in den prüden Fünfzigern. Ihr bekanntester Song war „Wasser ist zum Waschen da". Neben diesen Lokal-Helden durften wir an diesem Abend im Lüssumer Grund also auftreten. Zum Schluß gaben wir gemeinsam ein paar Gassenhauer zum Besten; sie waren so begeistert, daß sie mich fragten: „Willst du nicht mal bei uns mitmachen?" So bin ich des öfteren mit den Peheiros aufgetreten, zum Beispiel beim Hafenkonzert für Radio Bremen.

Zu den zahlreichen Musikern, mit denen ich in Kneipen und auf Festen spielte, gehörte auch der tschechische Akkordeonist Hans Ritschel. 1956 standen wir im „Lustigen Hans" auf der Bühne, einer kleinen Gaststätte in der Hüttenstraße beim Riespott. Es war ein Abend unter hunderten, aber der Ort sollte für mein Leben eine große Bedeutung erhalten. Zu den Stammgästen zählte die Familie von Gertrud Pawletzki, die nebenan ihre Baracke aus dem Riespott wieder aufgestellt hatte. Im „Lustigen Hans" hatte ihre Tochter 1950 den Schweißer Martin Römpage aus der Hüttenstraße kennengelernt, und 1952 war deren Tochter Rosita geboren worden. An dem besagten Abend im „Lustigen Hans" war die Familie vollständig versammelt, und zwischen den Beinen der Erwachsenen tobte die kleine Rosita herum. Als ich mit Hans Ritschel die tschechischen Lieder schrammelte, hatte ich keinen Schimmer, daß das 4 Jahre alte Mädchen später meine Frau werden sollte.

Die Tanz-Musik, die ich in verschiedenen Formationen in Bremen spielte, war weit von dem entfernt, was man sich unter „Zigeunermusik“ vorstellt. Doch durch meine nun häufigen Begegnungen mit Sinti in ganz Norddeutschland kam ich mehr und mehr wieder mit unserer Kultur in Berührung. Die Sinti und Roma haben über die Jahrhunderte die musikalische Kultur in Europa entscheidend geprägt. Immer griffen sie die Traditionen ihrer Heimatländer auf und mischten sie auf ihren Reisen mit neuen Einflüssen. So entstanden fließend neue Stile und Traditionen, die wiederum in die Volkskultur der verschiedenen Regionen eingingen. Die besten Beispiele dafür sind der Flamenco in Spanien und der Czardas in Ungarn.

Mit befreundeten Sinti aus Bremen zog ich am Wochenende hin und wieder über die Märkte in Holland. In Groningen lernte ich die Gruppe „Tata Mirando“ kennen, die heute noch als „Königlich Niederländisches Zigeunerorchester“ die Konzertsäle Europas mit ihrer Czardas-Musik füllen. Über die „Mirandos“ wiederum erfuhr ich von einer Gruppe junger Leute, die selbst keine Sinti waren, aber die Musik von Django Reinhardt liebten.

1953 war der berühmte belgische Gitarrist Django Reinhardt gestorben. In den 1930er Jahren hatte er in Pariser Clubs den amerikanischen Jazz kennengelernt und ihn mit traditionellen Einflüssen und seiner legendären Dreifingertechnik zu einem ganz eigenen Stil kombiniert. Die besondere Grifftechnik auf der Gitarre entstand, als er bei einem Brand in seinem Wohnwagen zwei Finger der linken Hand verlor. Django Reinhardt war der einzige europäische Jazz-Musiker, den die amerikanischen Größen Louis Armstrong, Duke Ellington oder Coleman Hawkins wirklich ernst nahmen. Für die Sinti ist Django Reinhard bis heute der unbestrittene Held, und jeder kleine Junge, der eine Gitarre in die Hand nimmt, versucht seinen Stil zu kopieren.

Die jungen Burschen, von denen ich sprach, wollten mich als Sinto und guten Musiker unbedingt in ihrer Swing-Band haben. Lange konnte ich ihren Überredungskünsten nicht wiederstehen. Jeden Freitag holten sie mich in Bremen ab und wir traten in verschiedenen Orten Hollands auf. Nachmittags zum Fünf-Uhr-Tee gaben wir den Kurgästen und Touristen „Tulpen aus Amsterdam“ und abends in Bars oder Kellerlokalen „Minor swing“ für die jungen Leute. Ich steuerte hin und wieder etwas von der russischen Folklore der Zwangsarbeiter von Eggersdorf bei. Den Höhepunkt aber markierte ein klassisches Stück, der „Czardas“ von Monti. Dabei begleitete ich unseren Solisten, einen sehr begabten Akkordeonspieler, bei dem ich auch übernachtete, auf der Gitarre. Das war immer ein großer Moment, für den uns das Publikum mit tosendem Applaus belohnte. Die Gulden waren ebenfalls nicht zu verachten. So konnte ich jedenfalls etwas mit nach Hause bringen, um Renate zu beruhigen. Sie sah meine Ausflüge am Wochenende gar nicht gerne. Auch mir wurde die Fahrerei irgendwann zu viel, und ich beendete mein holländisches Engagement.

In meiner Ehe mit Renate zeigten sich bereits die ersten Risse. Vom Auswandererlager sind wir schnell in eine kleine Wohnung in der Neustadt gezogen. Aber da sich unserer Familie kontinuierlich vergrößerte, mußte die Wohnung mitwachsen, bis wir in Horn landeten, in der Heinrich-Geffken-Straße, wo meine 1958 geborene Tochter Helma heute immer noch lebt. Meine Söhne Matthias und Thomas kamen in den Jahren 1957 und 1960 zur Welt. Mit den beiden älteren Söhnen waren es jetzt also fünf Kinder. Ich fühlte mich hin- und hergerissen zwischen meiner Familie und den wiedergewonnenen Sinti-Freunden, mit denen ich viel Zeit verbrachte. Und es blieb ja nicht bei den Bekannten in Bremen. Wir Sinti haben ein weit verzweigtes Familiennetz. Bereits 1955 fuhr ich erstmals nach Darmstadt-Eberstadt, um meine Cousine Elisabeth wiederzusehen. In Bremerhaven traf ich die Familie Adler wieder, und auch mein Onkel Rudi Schmidt ließ sich 1960 in Bremen nieder.

Ich schwankte schon immer zwischen Haus und Wagen. Ich kann nicht immer an einem Ort sein und die selben Tapeten sehen. Ich will auch mal da und dort hin und erfahren, was die anderen machen. Renate dagegen war häuslich, und ich ließ sie sicher viel zu oft mit den Kindern allein.

Nicht zu vergessen meine zahlreichen Auftritte als Musiker. Ende der fünfziger Jahre war ich bekannt wie ein bunter Hund, und viele Mädchen machten mir schöne Augen. Renate war rasend eifersüchtig und wollte immer mit zu den Auftritten, um mich unter Kontrolle zu halten. Es war leider auch viel Alkohol im Spiel, und so kam es oft zu heftigen Szenen zwischen uns. Renates Eifersucht war meistens grundlos. Aber ich muß zugeben, nicht allen Versuchungen wiederstanden zu haben. Mir war schließlich die ganze Jugend geraubt worden. Nun schäumte ich über vor Lebenslust und wollte vieles nachholen. Ich hatte einen guten Job, war ein anerkannter Musiker und ließ mich von niemandem bremsen in meiner Gier nach Leben. Dabei schlug ich sicher auch über die Strenge; niemand sollte mir je wieder Vorschriften machen und es wagen, Ewald Hanstein ohne Respekt zu behandeln. Die Zeit der Anpasserei war vorbei. Ich haute auf die Pauke.

Auf der anderen Seite war es für mich immer wichtig, daß es meiner Familie an nichts mangelte. Wir verfügten stets über eine gute Wohnung, waren gut gekleidet und hatten alles, was man zum Leben braucht. Besonders achtete ich darauf, daß die Kinder zur Schule gingen und einen Beruf erlernten. Dieses Erbe meiner Eltern gab ich an meine Kinder weiter.

Das Leben zwischen Haus und Wagen ließ sich solange noch mit der Existenz als Familienvater vereinbaren, wie ich meiner geregelten Arbeit bei Borgward nachging. Aber damit war es 1961 vorbei. Die Borgward-Pleite erschütterte ganz Bremen. Auch mein Leben wurde auf den Kopf gestellt.

Wieder auf Reisen

Doch ich hatte Glück, gute Schweißer und Schlosser waren gefragt. Gemeinsam mit Martin Römpage, dem Schwiegersohn von Gertrud Pawletzki, heuerte ich bei einem Unternehmen an, das uns für fünf Wochen auf Montage nach Hamburg-Wilhelmsburg schickte. Besser gesagt zur Demontage, denn wir rissen ein altes E-Werk ab. Montags fuhren wir mit meinem Campingwagen hin, in dem wir auch schliefen. Da wir nur am Wochenende nach Hause kamen, gab es neben dem Lohn noch Trennungsgeld. Die Arbeit war dreckig und gefährlich. Mit dem Brenner nahmen wir den Kessel Stück für Stück auseinander. Die Funken flogen so stark umher, daß wir ohne Schutzanzüge verbrannt wären. Der Chef sah gleich, daß ich mit dem Brenner gut umgehen konnte und machte mich zum Kolonnenschieber. Das gab ein paar Mark extra, und so verdiente ich in diesen Wochen eine hübsche Stange Geld.

Den Zaster konnte ich gut gebrauchen; mich trieb ein neues Ziel an. Es zog mich wieder auf die Straße. Sieben Jahre lang hatte ich mir eine Existenz aufgebaut, war von morgens bis abends zur Arbeit gegangen – jetzt bimmelten die Freiheitsglocken so stark, daß mich nichts mehr hindern konnte, die Gunst der Stunde zu nutzen. Renate mochte sagen, was sie wollte: ich besorgte mir einen Gewerbeschein und machte mich selbständig. Mal sehen, ob ich die Händlertradition der Familie Hanstein nicht doch um ein paar gute Geschäfte bereichern konnte. Statt mit Pferden, wie mein Vater, zog ich mit einem Auto voll feiner Stoffe in die Welt.

Vom Montage-Lohn kaufte ich in Hannover-Saarstedt mein erstes Sortiment, hauptsächlich Damenoberbekleidung. Einen Campingwagen mit Wohnanhänger besaß ich bereits, fehlten nur noch zwei Tische und ein Vorzelt, und fertig war die Firma Hanstein. Die weite Welt – das waren zunächst der Grünmarkt in Lesum und das Schützenfest in Oyten. Mit der Zeit steuerte ich auch entferntere Ziele an, vom Harz über Göttingen bis nach Kassel. Hauptsächlich bot ich meine Blusen, Röcke und Pullover auf Märkten feil. Manchmal fuhr ich auch mit den Schaustellern auf Feste und Rummelplätze.

Gab es keine Märkte oder Rummel, meldete ich einen Standplatz in einem Kurort an. Dort waren immer gute Geschäfte zu machen, das Geld saß den Kurgästen lockerer in der Tasche. Ich merkte schnell, daß mir das Handeln und Verkaufen lag. Der Pferdehändler Behm hätte seine Freude an mir gehabt. Die Kunden, hauptsächlich Frauen, kamen gerne zu mir und ließen sich die Ware mit ein paar netten Worten verkaufen. Ich konnte mir die Arbeit frei einteilen und machte gute Umsätze – was wollte ich mehr?

Der Verdienst reichte aber nicht ganz, meine Familie auch über den Winter zu bringen. Also klopfte ich Schichten im Hafen. Morgens um sechs stellten wir uns an und hofften auf Arbeit. Manchmal hieß es, kurz bevor man an der Reihe war: „Schluß, es gibt nichts mehr zu tun." Wenn ich einen Job erhielt, habe ich zumeist Säcke von den Kähnen geschleppt. Mitunter waren die Kähne auch mit Wolle beladen, die in Zwei-Zentner-Ballen mit der Schubkarre in den Schuppen zu transportieren waren. Zwischendurch versorgte ich im Winter einige Stammkunden in Bremen mit Textilien. Spätestens im Februar aber stellte sich wieder dieses Kribbeln im Bauch ein – wie als Kind, als ich es kaum abwarten konnte, bis es „Anspannen!" hieß.

Es wird Zeit für eine Beichte. Ich war auf den Reisen von 1962 bis 1966 nicht allein, Anfang der 1960er Jahre lernte ich bei einem meiner Konzerte Christa kennen. Wir verstanden uns auf Anhieb blendend. Renate hatte sich in Bremen sehr verändert. Sie kam mit der Großstadt sowie mit meinem Freundeskreis nicht klar, war ständig unzufrieden und eifersüchtig. Das Vertrauen ging verloren. Christa aber nahm mich so, wie ich war. Da sie zielstrebig und geschäftstüchtig war, ergänzten wir uns auf den Reisen prächtig. Das Verhältnis führte natürlich dazu, daß ich mich noch weiter von Frau und Kindern entfremdete. Schließlich ließ Renate sich 1966 scheiden.

Noch während ich an diesem Buch schreibe, ist Renate in Bremen in der Heinrich-Geffken-Straße gestorben. Nie werde ich sie als den Menschen vergessen, der mir nach der Lagerzeit auf einem Tanzboden in Eggersdorf im Kreis Calbe an der Saale wieder Lebensmut gegeben hat.

Erneut im Harz

Eigene vier Wände

Ist es nicht merkwürdig, daß ich ausgerechnet die Gegend in Deutschland besonders liebe, in der ich das größte Leid erfahren habe? Vielleicht erlebte ich ja in meinen Kinderjahren, auf der Reise von Breslau nach Wernigerode zur Familie meiner Großmutter Rosenberg, etwas besonders Schönes. Vielleicht fühle ich mich zwischen lieblichen Sommern und eisigen Wintern, zwischen Berg und Tal, einfach wohler als im Gleichklang der norddeutschen Tiefebene. Möglicherweise bin ich diesem Landstrich auch gerade deshalb verbunden, weil ich hier beides erlebt habe, das Grauen und das Glück. Wie dem auch sei, wäre ich noch jung, sagen wir mal sechzig, ich würde sofort wieder in den Harz ziehen!

Ganz in der Nähe von Mittelbau-Dora, keine 20 km entfernt, liegt der Kurort Bad Sachsa. Traurige Berühmtheit erlangte der beschauliche Ort dadurch, daß die Gestapo hier in einem Heim 46 Kinder der Attentäter des 20. Juli 1944 in Sippenhaft nahm.

Im Jahr meiner Scheidung von Renate machten Christa und ich wieder einmal in Bad Sachsa Station. Bei früheren Besuchen hatte ich mir bereits einen guten Namen erworben, nun sagte ein Bekannter zu mir: „In Walkenried wird ein Geschäft frei, das kannst du haben." Es war genau der richtige Zeitpunkt und der richtige Ort. Ich war seit über vier Jahren mit Christa auf Reisen, und meine Verbindungen nach Bremen waren immer brüchiger geworden. Welch ein verlockender Gedanke, im Harz mit Christa eine neue Existenz und Familie aufzubauen!?

Walkenried liegt etwas außerhalb des Kurlebens von Bad Sachsa; der Laden, in einer Nebenstraße versteckt, bestand lediglich aus einem kleinen Verkaufsraum – aber es war ein Anfang. Christa riß mich mit ihrem Schwung mit; wir krempelten die Ärmel auf. Es machte uns nichts aus, in der ersten Zeit weiter im Campingwagen zu wohnen, der hinter einer Autowerkstatt abgestellt war. Mein Großhändler lieferte mir die erste Kollektion auf Kommission.

Wir waren freundlich aufgenommen worden und das Geschäft florierte so, daß wir schon nach einiger Zeit ins Zentrum von Bad Sachsa, in einen kleinen Laden in der Marktstraße umziehen konnten. Als gegenüber ein großes Geschäft frei wurde, griffen wir zu. Jetzt besaßen wir einen Traumladen mit richtig viel Platz für die Ständer und erweiterten das Angebot um Bettwäsche, Gardinen und Badeanzüge.

Bei uns kauften Kurgäste und Einheimische, von Wieda bis Zorge kam die Kundschaft. Kurorte sind teuer, ich aber war immer günstig. Wenn ein leichter Damenanzug bei mir 120 Mark kostete, nahm die Konkurrenz bestimmt 175 DM. Bei gleicher Qualität. Also machten sich die Leute auf den Weg zu mir. Natürlich gab es auch Neider unter der Konkurrenz, die sich fragten: „Wie kann der so preiswert sein?" Ganz einfach: ich kaufte die Ware günstiger ein. Den Vorsprung gegenüber den ewig Seßhaften verdankte ich meinen Reisen: ich wußte eben, wo die günstigsten Großhändler waren. Ein Nylon-Hemd erstand ich für sechs Mark und veräußerte es für neun. Ich verdiente so gut, daß ich in Wieda noch ein kleines Geschäft eröffnete, für das ich eine junge Frau einstellte.

Ende der 1960er Jahre wurden die Bestimmungen schärfer und die Behörden strenger. Die neuen Kunstfasern aus den USA kamen in Mode; ich fuhr nach Göttingen zu einer Prüfung über Textilqualität. Drei Tage lang lernte ich alles über Nylons, Perlons und Dralons, die Baum- und Schurwolle von den Kleiderständern verdrängten.

Am 6. März 1968 erhielt ich fünf gleichlautende Briefe vom Amtsgericht Herzberg, in denen es hieß: „In der Todeserklärungssache xxx ist jetzt die Aufgebotsfrist abgelaufen, ohne daß weitere Nachrichten über das Schicksal des Verschollenen dem Gericht eingegangen sind. Der Verschollene soll nunmehr durch Beschluß für tot erklärt werden. Als Zeitpunkt des Todes wird gemäß Artikel 2 § 2 des Änderungsgesetztes zum Verschollenheitsgesetz vom 15.1.1951 der 31. Dezember 1945, 24.00 Uhr, festgestellt. Gemäß § 22 VerschGes. wird Ihnen Gelegenheit gegeben, sich hierzu zu äußern. Sollte innerhalb von zehn Tagen keine Erklärung von Ihnen eingehen, so wird angenommen werden, daß Sie gegen den beabsichtigten Beschluß keine Einwendungen haben. Sollten Sie inzwischen selbst irgendwelche neue Nachrichten über den Verschollenen erhalten haben, so wollen Sie das bitte umgehend dem unterzeichneten Gericht mitteilen. Franz, Amtsgerichtsrat."

Ich vermochte keine neuen Nachrichten über die fünf Verschollenen zu geben. Die den Todeserklärungen zugefügten Namen lauteten: Ramona Hanstein, Gregor Hanstein, Lydia Hanstein, Gertrud Hanstein, Elisabeth Hanstein. Bereits am 27. Oktober 1967 hatte ich einen gleichlautenden Formbrief im Todeserklärungsverfahren von Maria Hanstein, geborene Schmidt erhalten. So werden aus Ermordeten Verschollene! Erst jetzt räumten die Behörden ein, daß meine Familie ausgelöscht worden war. Als Todestag gilt nicht der 2. August 1944, der Abend, als das „Zigeunerlager“ in Auschwitz-Birkenau liquidiert wurde. Statt dessen ein fiktives Datum, das gut in die Aktenordner paßt: 31.12.1945, 24.00 Uhr.

War etwas anderes zu erwarten gewesen? Wohl kaum – immerhin war aber nun ihr Tod offiziell anerkannt, und ich erhielt eine „Entschädigung“ von insgesamt 40 000 Mark. Mit dem Geld erfüllte ich mir einen kleinen Traum. Im Ortsteil Neuhof fanden wir einen Bauplatz auf Erbpacht und stellten ein Fertighaus darauf, mit Keller und allem Drum und Dran. Wir verkauften den Wohnwagen, Ende 1969 zogen wir ein. Von mir aus konnte es so weiter gehen. Ich war ein angesehener Geschäftsmann mit einer lieben Frau, die ich heiraten wollte. Christa brachte Glanz in unser neues Heim und sorgte dafür, daß ich stets ein sauberes Hemd hatte. Dafür baute ich die Kellerwohnung für ihre Tante und ihren Onkel aus.

Sorgen machte ich mir lediglich um Christas Gesundheit. Sie hatte ständig Durst und trank Unmengen Wasser, Saft und Tee. „Geh’ mal zum Doktor und laß dich auf Zucker untersuchen“, sagte ich mehr als einmal. „Du immer mit deinem Doktor“, war ihre Antwort.

An einem Abend 1970 saßen wir gemütlich in der Stube. Der Onkel trank wie immer sein Schnäpschen, und Christa frotzelte: „Krieg ich keinen?“ Sie trank noch einen Likör und ging ins Bett. Ich unterhielt mich noch eine Weile mit den beiden älteren Leuten. Als ich ins Schlafzimmer kam, fuhr Christa im Bett hoch und röchelte. Da sie vorher noch so lustig gewesen war, meinte ich: „Mach keinen Quatsch.“ Plötzlich lag sie mit geöffneten Augen da und sagte kein Wort. Hinterm Ohr war alles blau angelaufen. Ich rief sofort den Arzt, der nach einer Ewigkeit eintraf. „Gehirnschlag, da war nichts zu machen.“ – Hört denn das Sterben nie auf? Schock, Lähmung.

Rosita kommt

Nun stand ich da mit den zwei Geschäften, aber es mußte vorangehen. In meiner Not erinnerte ich mich an die patente Tochter meines alten Kumpels Martin Römpage, die kleine Rosita, die mir im „Lustigen Hans“ um die Beine gekrabbelt war. Ich fuhr nach Bremen und nahm die 17jährige als Verkäuferin mit nach Bad Sachsa.

In dem Haus in Neuhof wurde ich nicht mehr froh. Es waren zu viele Erinnerungen mit ihm verbunden – vor allem die an Christa. Ich verschleuderte das Traumhaus. Mit dem Erlös erwarb ich ein baufälliges Haus mit einem 600m² Grundstück. Ich verdrängte meine Trauer, arbeitete und baute mit Martin Römpage solange Fenster, Türen und Trennwände in die Ruine, bis es ein kleiner Palast war. Die Leute im Ort bewunderten mein Geschick als Häuslebauer und sagten: „Hanstein, der Filou.“

Trotz des Altersunterschiedes kamen Rosita und ich uns schnell auch als Mann und Frau näher. Das fand nicht überall Zustimmung. Als wir 1972 zum Standesamt gehen wollten, erschien ein Vertreter des Jugendamtes und redete der noch nicht volljährigen Rosita ins Gewissen: „Überlegen Sie es sich gut, der Mann ist 28 Jahre älter als Sie!“ Da habe ich ihm geantwortet: „Wer will die Frau heiraten, Sie oder ich?“ Heute sind Rosita und ich 32 Jahre zusammen und bereuen es nicht.

Horst Diener war mein bester Freund in den Harzer Jahren. Wir lernten uns bei einer Feier kennen und stellten fest, daß uns beide ein Autofimmel verband. Er besaß ein viel beachtetes Cabriolet, ich war damals mit einem Mercedes unterwegs. Wenn ich es mir leisten konnte, fuhr ich immer schöne Autos. Horst war genauso klein und kräftig wie ich; viele Leute glaub ten, wir seien Brüder.

In seinem Café ging jedes Wochenende die Post ab. Horst spielte Key-Board und ich Gitarre. Ich möchte nicht wissen, wie viele Kurgäste zu unseren flotten Rhythmen ihre „Schatten“ gefunden haben. Der Stimmung tat es auch keinen Abbruch, daß Horsts Mutter ständig dazwischenfunkte: „Könnt Ihr nicht mal ein Harzer Volkslied spielen!“ Wir sagten dann nur: „Die Jodelmusik will hier keiner hören“, und hauten wieder in die Tasten und Saiten. Die Leute waren derart begeistert, daß uns auch das Café Hase neben der italienischen Eisdiele engagierte. Bald war ich in der Gegend so bekannt wie zuvor in Bremen und wurde bis in den Landkreis Osterode zum Mucken eingeladen.

Der Leiter des Gymnasiums fragte mich, ob ich nicht die Jugend unterrichten könnte. Ich erinnerte mich an die in der DDR von mir erfundene Lehrmethode. Einmal die Woche malte ich für zwanzig Mark die Stunde wieder Gitarrenhälse samt Griffolgen für meine 15jährigen Schüler an die Tafel. Besonders erinnere ich mich an einen persischen Jungen, der mir auch bei meinen Auftritten auf die Finger guckte. Er lernte schnell, und bald konnten wir sogar zusammenspielen. Solche Erfolgserlebnisse genoß ich. Mein Engagement sprach sich schnell im ganzen Landkreis herum.

Die Integration in die ehrenwerte Gesellschaft ging aber noch weiter: ich trat in den Schützenverein ein. Wenn man in einem Harzer Kurort als Geschäftsmann tätig ist, geht das gar nicht anders. Der Schützenverein gehört dazu, egal wie man zum Schießen steht. Ich mußte ja kein Gewehr in die Hand nehmen. Es reichte, bei den wichtigen Versammlungen dabei zu sein, Beitrag zu zahlen und ab und zu einen auszugeben. Einmal im Jahr defilierte der Verein mit Blasmusik vorbei und stellte einen Baum vor dem Laden auf. Dann war natürlich wieder eine Runde fällig. Wer nicht mitmachte, war unten durch.

An den Wochenenden fanden Rosita und ich trotz meiner musikalischen Engagements genug Zeit, die Landschaft zu genießen und unser gemeinsames Hobby auszuüben, das Angeln. Im Sommer fuhren wir oft mit einem befreundeten Ehepaar an einen großen See in der Nähe von Göttingen und zogen reichlich Karpfen, Hechte und Forellen an Land. Es war uns als Einzigen erlaubt, mit dem Campingwagen bis ans Ufer zu fahren.

Im Winter wanderten wir mit unserem kleinen Hund durch die schneebedeckten Wälder. Unsere beiden „Harzer Roller“ kamen 1973 und 1975 zur Welt: Ramona und Romano.

Ein paar Mal besuchten uns auch meine ältesten Söhne. Sie machten keinen guten Eindruck; ich hatte damals schon den Verdacht, daß sie Drogen nahmen. Ansonsten gab es kaum Verbindungen zu meinem früheren Leben. Mein Geschäft ging vor, und von der Verwandtschaft konnte ich nichts erwarten. Im Gegenteil, einige dachten, ich sei Millionär – und hielten die Hand auf.

Zu anderen Sinti hatte ich während dieser Jahre vorwiegend außerhalb des Harzes Kontakt. Manchmal fuhren wir zu Sinti-Treffen nach Illingen im Saarland oder besuchten Adelheid in Bremen. In Bad Sachsa wußte man zwar, daß ich im KZ gewesen war, aber man hielt mich für einen Juden.

Dann kam Adelheid mit drei, vier Wagen zu uns. Ich suchte für sie einen Platz hinter einer italienischen Gaststätte. Doch irgendeiner beschwert sich immer. Eines Abends stand der Bürgermeister vor der Tür und druckste lange herum, bevor er mit der Sprache herausrückte: „Die Zigeuner sagen, daß du ihr Bruder bist. Ist das Deine Schwester?"

„Eigentlich meine Cousine, aber das ist bei uns fast wie eine Schwester. Sie war mit mir im KZ."

„Dann bist du also auch Zigeuner?"

Ich vergaß den Vorfall schnell wieder. Aber nach und nach blieb die Kundschaft aus. Ein paar blieben uns treu, aber das Geschäft war nicht mehr zu halten. Ich hörte, daß im Ort Stimmung gegen mich gemacht wurde. Einigen kam es wohl ganz gelegen, Vorurteile gegen den „Zigeuner" zu schüren. Mit mir gesprochen hat niemand. Eigentlich hätte ich es besser wissen müssen, aber zunächst wollte ich es nicht wahrhaben und glaubte an eine Wende. Schließlich hatte ich mir nichts zu Schulden kommen lassen. Bis Rosita sagte: „Laß uns wieder nach Bremen gehen!"

Vor ein paar Wochen war ich wieder einmal in Bad Sachsa. Ich stand gerade vor meinem alten Haus, in dem Christa gestorben ist, als es hinter mir hupte. „Mensch, Herr Hanstein, schön Sie mal wieder zu sehen." Es war der jetzige Bürgermeister, mein damaliger Nachbar. Er erzählte mir, daß viele Menschen es in Bad Sachsa und Umgebung bedauert hätten, als ich weggegangen bin. „Ach, wären Sie doch geblieben."

Zurück in Bremen

Unruhige Jahre

Erneut ein radikaler Szenenwechsel in meinem Leben. Vom angesehenen Geschäftsmann in einem Harzer Kurort zum Arbeitslosen in Osterholz-Tenever. Ich stand mit meiner Familie am Beginn unsteter Jahre mit häufigen Wohnungs- und Jobwechseln.

Wir landeten 1976 wie viele Neubremer zunächst im Stadtteil Osterholz-Tenever, wo Adelheid wohnte. Die Bremer Sinti lebten nach der Auflösung des Lagers am Warturmer Platz in sogenannten Schlichtbauwohnungen und waren über die ganze verstreut. Die offene Diskriminierung war vorbei, und endlich gab es kein Ghetto mehr. Die meisten lebten aber weiter am äußersten sozialen Rand, ohne Beruf und Schulabschluß. In Tenever standen neben den neuen Hochhäusern auch noch ältere Flachbauten der Bremischen, die früher wohl einmal als Fremdarbeiter-Lager gedient hatten. Ich fand mich auch hier nicht mit dem primitiven Zustand der Häuser ab und möbelte unsere neue Wohnung kräftig auf. Die letzten Reserven steckte ich in die Renovierung, ein paar tausend Mark. Nach einem Jahr zogen wir wieder aus; Rosita gefiel das Umfeld nicht. Wir mieteten uns in Findorff direkt neben einer Gebäudereinigung ein. Ein Jahr lang hielten wir die beißenden Gase aus, die mit jedem Luftzug in die Wohnung drangen. Über die Zwischenstation Robinsbalje, einem Hochhaus in Huchting, landeten wir im Bremer Vorort Bassum, wo wir uns einige Jahre sehr wohl fühlten – bis der Besitzer von mir verlangte, das gemietete Haus zu kaufen. Das konnte ich nicht, und er zog selbst ein.

Der Kreis schloß sich, als ich wieder in Bremen-Nord, wie 1954, landete. In der Wohnung „Auf dem kleinen Feld“ gerieten wir in Streit mit Hundebesitzern; die in der Bernhard-Adler-Straße besaß keine Thermopenscheiben, und in der Aumunder Feldstraße, in die wir anschließend zogen, leben wir heute noch. Irgendwann zwischendurch brach ich mit der Sitte, eine Einweihungsparty zu geben.

Mittlerweile war ich über fünfzig und nicht mehr bei bester Gesundheit. An eine feste Stelle als Schlosser war nicht zu denken. Unter mein Dasein als Textilhändler, ob reisend oder seßhaft, hatte ich vorerst einen dicken Strich gezogen. Wenn im Sommer doch wieder das Fell juckte und wir mit Adelheid und ihrem Anhang die Wagen anspannten und auf Reisen gingen, besann ich mich auf eines unserer anderen alten Gewerbe. „Der Scherenschleifer ist da!“ konnte man mich dann zwischen Bayern und Schleswig-Holstein rufen hören. Scheren, Messer, Rasenmäher – auf meinem Schleifstein wurde alles wieder scharf. Heute gucken viele komisch, wenn man vom Schleifen erzählt. Für mich war das immer ein ehrbares Handwerk, für das ich mich genauso wenig schämte wie fürs Röcke Verkaufen, Autos Bauen oder Musik Machen. Leider haperte es dabei am Verdienst.

Durch meinen Bekannten Siegfried Trollmann fand ich eine Tätigkeit, die einträglicher und trotzdem mit Reisen verbunden war. Für den Hansa-Polizeiverlag warb ich Anzeigenkunden. In den Blättern, die der Verlag für den Beamtenbund und die Polizeigewerkschaft herausgab, annoncierten viele Kurorte in der Hoffnung, Beamte und Polizisten für einen Aufenthalt zu gewinnen. Ich suchte die Orte auf und überzeugte die Direktoren davon, eine möglichst große Anzeige in Farbe zu schalten. Reden kann ich ja. Für jede verkaufte Annonce erhielt ich 30 % Provision. Dafür mußte ich die Reisekosten bis in die Schweiz und Italien selbst tragen. Ich kann gar nicht aufzählen, wie viele Kurorte ich in meinem Leben gesehen habe, und möchte gar nicht wissen, wie viele alte Nazis sich dort auf den Liegen aalten, während unsereiner nicht im Traum daran denken konnte, einmal selbst eine Kur zu machen. Jedenfalls verdiente ich nicht schlecht. Es handelte sich aber nur um eine saisonale Tätigkeit.

Seit den Zeiten im Café Diener spukte der Wunsch nach einem eigenen Lokal in meinem Kopf herum. Gastwirt – das war ich noch nicht gewesen. 1986 entdeckte ich ein einmalig günstiges Angebot in der Zeitung, und wenig später waren Rosita und ich Pächter der Grohner Bierstube. Zum Essen gab es Schaschlik, Curry-Wurst, Pommes rot-weiß, alles was man in einem deftigen Imbiß bekommt. Am einträglichsten waren aber die Spielautomaten und der Billardtisch. Die Stammkundschaft rekrutierte sich aus den Soldaten der nahegelegenen Kaserne und ihren Freundinnen aus der Umgebung. Wir standen bis spät in die Nacht hinterm Tresen und in der Küche und machten mittags wieder auf. Für Rosita war es besonders anstrengend, da sie noch die Kinder versorgte. Nach einem Jahr auf der anderen Seite der Theke war uns die Kneipenromantik gründlich abhanden gekommen. Wir wollten mehr Zeit für unsere Kinder haben und sie bei den Schularbeiten unterstützen. Die Lehrer machten es uns nicht immer leicht. Wenn es Probleme beim Lesen und Schreiben gab, hieß es manchmal nur: „Typisch, Ausländer." Einmal bin ich zum Lehrer und habe ihm die Leviten gelesen. Wie damals mein Vater. Schließlich schafften Ramona und Romano beide den Abschluß.

Als die Kinder aus der Schule waren, nach zwei Versuchen mit einem Gebrauchtwagenhandel, packte Rosita und mich Anfang der 1990er Jahre noch einmal das Reisefieber. Erneut zogen wir mit Textilien über Märkte und Rummelplätze und gingen ein letztes Mal dieser großen, alten Tradition der Sinti nach. Das brachte wirtschaftlich zwar nicht viel ein, aber ich wollte nach dem Mauerfall unbedingt die Orte zwischen Nordhausen und Magdeburg besuchen, die ich von früher kannte und in die ich solange nicht zurück durfte.

Und wieder erhielt der kleine Ort Ellrich, das ehemalige Aussenlager von Mittelbau-Dora und der spätere Grenzbahnhof der DDR, eine besondere Bedeutung für mich. Hier lernte 1993 unsere Tochter Ramona ihren Mann kennen. Rosita und ich beschlossen, das Umherziehen endgültig aufzugeben und es ruhiger angehen zu lassen. Einen Wohnwagen besitzen wir heute zwar immer noch, stellen ihn aber jedes Jahr nur für ein paar Wochen auf den Campingplatz in Dorum bei Cuxhaven. Wie jeder andere deutsche Campingfreund. Am schönsten ist es, wenn unsere fünf Enkelkinder da sind und uns auf Trab halten. Ich bin aber auch froh, wenn ich wieder meine Angeln einpacke und in einem in der Nähe gelegenen Fischteich auf Aal gehe. Viel hole ich nicht aus dem Tümpel, aber es ist herrlich, die Gedanken bei einer gut gestopften Pfeife schweifen zu lassen.

Zu meinen Kindern aus erster Ehe bestand in Bremen kein Kontakt mehr. Renate wollte das nicht. Ende der 1970er Jahre rief sie mich eines Tages plötzlich an und bat mich, in die Wohnung des 16jährigen Thomas am Sielwall zu kommen. Die Polizei war schon da; über einem Eimer kniete mein toter Sohn. „Überdosis", sagte der Arzt.

Als Norbert und Harald, ebenfalls am Sielwalleck Stammkunden, das selbe Schicksal ereilte, rief Renate mich gar nicht mehr an. Freunde von ihr informierten mich, und so konnte ich wenigstens der Einäscherung auf dem Riensberger Friedhof beiwohnen. Es ist nicht einfach, damit zu leben, aber ich will leben. Ich lasse den Schmerz nicht an mich heran. Es reicht! Mir fällt ein Satz des Bremer Amtsarztes Dr. Schmacke ein, dem ich meine jetzige Entschädigungsrente verdanke: „Das Trauma überträgt sich auf die Kinder."

Zweite Verfolgung

1957 beantragte ich in Bremen beim Landesamt für Wiedergutmachung eine Entschädigung für die KZ-Zeit. Es reichte als Entschädigungsgrund nicht aus, verfolgt, gequält und gezeichnet worden zu sein – der Antragsteller mußte nachweisen, durch die Verfolgungen, Qualen und Traumatisierungen so beschädigt worden zu sein, daß er erwerbsgemindert ist. Dabei sollte sich ein humaner Staat eigentlich freuen, wenn ein Verfolgter, Gequälter und Traumatisierter nach Jahren wieder einigermaßen gesund geworden war. Dieser Staat bestrafte ihn dafür.

Es dauerte Ewigkeiten, bis mich endlich im Hauptgesundheitsamt in der Horner Straße eine Orthopädin untersuchte. Ich habe noch den Satz des Medizinalrates Dr. Ullrich im Ohr: „Ja, Sie sind krank, Sie können nach Hause gehen." Wieder warten auf den Bescheid. Abgelehnt! Man bescheinigte mir zwar eine Erwerbsminderung von 40 %, aber nur die 10 % wegen „Senkfuß beiderseits" wurden als verfolgungsbedingt anerkannt, weil ich im Lager Holzschuhe tragen mußte. Für eine Rente war aber ein Anteil von mindestens 25 % notwendig. Nach einem Jahr stellte ich einen Verschlimmerungsantrag und wurde vom Landesamt für Wiedergutmachung zu einer dreitägigen Untersuchung in die Göttinger Universitätsklinik geschickt. Der Professor Reisert sagte zum Abschied: „Herr Hanstein, Sie haben wirklich viel durchgemacht, Sie sind krank." An das Landesamt für Wiedergutmachung schrieb er, daß ich mir mit größter Wahrscheinlichkeit die Krankheiten erst nach dem Krieg zugezogen hätte. Wieder abgelehnt! So ging es immer weiter, und erst Anfang der 1980er Jahre traf ich im Bremer Hauptgesundheitsamt auf einen verständnisvollen Arzt, eben jenen Dr. Schmacke, der mir ohne viel Aufhebens eine 30 %ige verfolgungsbedingte Schädigung attestierte. Das brachte mir nach über zwanzig Jahren, ungezählten Anträgen und Untersuchungen 530 Mark Rente monatlich ein. Die Nachzahlung kassierte allerdings sogleich das Sozialamt ein, für Leistungen, die ich bezogen hatte.

1990 schließlich stellte ich einen weiteren Verschlimmerungsantrag, auf den mir das Landesamt für Wiedergutmachung am 17. Juli 1991 mitteilte: „Laut Gutachten des Amtsarztes, Herrn Dr. Schmacke, traten bei Herrn Hanstein psychische Einzelsymptome auf, wie chronische Kopfschmerzen, kontinuierliche Einschränkung der Konzentrations- und Merkfähigkeit, Alpträume und paroxymale Hypermesie, die charakteristisch sind für einen verfolgungsbedingten Persönlichkeitswandel mit ausgeprägter chronisch-reaktiver Depression." Mit den bereits festgestellten Verfolgungsleiden attestierte mir Dr. Schmacke Spätschäden von 60 % bei einer Gesamterwerbsminderung von 100 %. Das ist das Schlimme: Wir sind in der NS-Zeit verfolgt, gequält und vernichtet worden und müssen zwanzig Jahre lang um eine Mini-Rente kämpfen. Und die für unser Leid verantwortlich sind, erhalten fette Pensionen, die ihnen bis ins Ausland nachgeschickt werden.

Dieses Unrecht bekämpfe ich seit meiner Rückkehr nach Bremen. Und solange sich daran nichts wirklich geändert hat, ist und bleibt Deutschland ein Land der Täter, das den Opfern nicht einmal eine angemessene Entschädigung gewährt.

Kampf um Bürgerrechte

Wenn ich schon so viel Mühe hatte, eine kleine Entschädigung zu bekommen, wie ging es dann erst den vielen anderen Opfern in unserer Volksgruppe? Ich konnte lesen und schreiben, ließ mir nichts gefallen und kannte mich bei den Behörden aus. Die meisten anderen verstanden wenig von dem, was um sie herum vor sich ging, waren ängstlich und eingeschüchtert. Viele besaßen nicht mehr die nötigen Papiere zum Nachweis ihrer Verfolgung oder ihr Mißtrauen gegen Ämter und Ärzte war so stark, daß sie keine Angaben machen wollten. Die Furcht war alles andere als unbegründet, denn wer Pech hatte, erkannte im Gutachter einen ehemaligen Peiniger wieder. Viele Organisatoren des Völkermordes arbeiteten für Landeskriminalämter, Gesundheitsämter und andere Behörden weiter. Auch zwei gute alte Bekannte von mir waren in den 1960er Jahren als Gutachter in Wiedergutmachungsprozessen von Sinti und Roma tätig: „Lolitschai" Eva Justin und Leo Karsten.[21] So haben viele nie einen Antrag gestellt. Wer es doch tat, mußte sich zumeist an seine ehemaligen Verfolger wenden, um die entsprechen Bescheinigungen zu erhalten, so in Bremen an den ehemaligen Leiter des „Zigeunerdezernats" Wilhelm Mündrath, der die Verhaftung und Deportation organisiert hatte und noch bis zu seinem Ruhestand 1958 ein respektiertes Mitglied der Kriminalpolizei war.[22] Wer schließlich die entsprechenden Nachweise beibrachte, dem verwehrte man die Wiedergutmachung häufig aufgrund einer beschämenden Auslegung des Bundesentschädigungsgesetzes. Bis 1963 wurden vorwiegend nur diejenigen Sinti und Roma als rassisch Verfolgte anerkannt, die infolge des „Auschwitz-Erlasses" von Himmler ab dem 1. März 1943 ins KZ gekommen waren. Allen anderen, die man z.B. wie meinen Vater vorher verhaftet hatte, unterstellte man meist kriminelles Verhalten oder Asozialität.

So vertrat der Leiter des Bremer Amtes für Wiedergutmachung, Regierungsrat Hennings, in den 1950er Jahren die Auffassung, „daß in Zigeunersachen Zurückhaltung geübt werden solle, da gerade diese Kreise nachgewiesenermaßen in weit überwiegenden Fällen aufgrund ihres Lebenswandels aus Sicherheitsgründen inhaftiert worden sind."[23] Man knüpfte also nahtlos an die Nazi-Ideologie an, wobei sich die Wiedergutmachungsbehörden der Täterakten als Beweismittel bedienten. 1963 erkannte der Bundesgerichtshof an, daß die rassische Verfolgung bereits mit dem Runderlaß Himmlers von 1938 begann, der die „Zigeunerfrage aus dem Wesen der Rasse" heraus regeln sollte. Dann bin ich 1936 wohl in Berlin-Marzahn ins Ghetto gesperrt worden, weil ich so ein schlechter Mensch gewesen war?! Immerhin bedeutete dieses Urteil einen Fortschritt. Doch wer sich jetzt darauf berief, wurde mit einer Vielzahl neuer bürokratischer Hürden konfrontiert, die wiederum eine gründliche Beratung verlangt hätten.

Hin und wieder konnten ich oder andere „Schriftgelehrte" jemandem helfen, aber im Prinzip stand bis Ende der siebziger Jahre jeder von uns der behördlichen Willkür allein gegenüber. Bis zu dieser Zeit wurde der Holocaust an den Sinti und Roma weitgehend geleugnet oder ignoriert. Aber auch sonst war die

Lage weiter bedrückend. Die schulpflichtigen Kinder wurden automatisch in die Sonderschule gesteckt, und die meisten Erwachsenen lebten von der Sozialhilfe in primitiven Wohnungen. Ganz zu schweigen von dem Bild, das in der Öffentlichkeit, den Medien und den Köpfen der Bevölkerung immer noch von uns herumgeisterte. Wir verfügten über keine organisierte Interessenvertretung.

Eines Tages im Jahr 1979 besuchte ich Adelheid in Osterholz-Tenever. Plötzlich sagte sie: „Da sind Gadsche, die haben einen Verein für die Zigeuner gegründet." Mein Entschluß stand von der ersten Sekunde an fest: „Ohne uns läuft da nichts!"

Ich trommelte Albert Ernst, Friedrich Reichert und ein paar andere Sinti zusammen und ging mit ihnen zu einer Versammlung des Vereins. Erste Vorsitzende war Gisela Hiller aus der FDP, dazu ein Kreis von linksliberalen bis kommunistischen Studierten, die sich für uns „Zigeuner" engagieren wollten. Mir war klar, daß wir solche Unterstützer brauchen, schließlich waren wir keine studierten Leute. Ich nahm das Wort: „Ihr wollt einen Verein gründen? Das ist gut. Aber wo sind wir? Ihr seid alle Nicht-Sinti, so läuft der Hase nicht. *Wir* sind doch die Leidtragenden gewesen und wollen für uns selbst sprechen!" Da haben sie erst mal geguckt: „Was ist denn das für einer? Der haut ja ganz schön auf den Putz."

Schon der Name gefiel uns nicht: „Verein zur Durchsetzung der Rechte der Zigeuner". „'Zigeuner' ist diskriminierend", sagte ich. Ich kannte mich aus mit Parteien und Gründungen, und wir forderten eine Umbenennung des Vereines und eine Neuwahl des Vorstandes. Dagegen ließ sich schwer etwas sagen, und so wurde ich 2. Vorsitzender des Bremer Sinti-Vereins. Als 1. Vorsitzende blieb Frau Hiller im Amt, die wirklich gut war. Sie ist heute noch Mitglied im Bremer Sinti-Verein und unterstützt uns.

Die Intellektuellen und die Sinti, da prallen Welten aufeinander. Wir quasseln ja auch viel, aber bei denen hatte selbst ich es manchmal schwer, zu Wort zu kommen. Und das will etwas heißen! Oft redeten wir aneinander vorbei, aber wir lernten auch voneinander. Sie begannen, unsere Probleme zu erkennen, und wir erfuhren, was ein Seminar ist und wo man überall Gelder beantragen kann. Nach mehreren Treffen in Gisela Hillers Büro rauften wir uns zusammen und entwickelten schließlich ein gemeinsames Arbeitsprogramm. Der Senat bewilligte uns eine Förderung aus Lottomitteln, so daß wir bald unser erstes eigenes Büro in der Hohentorstraße einrichten konnten. Für uns allein war das Gebäude zu teuer, und so zog die internationale Frauenorganisation IFA mit ein. In der Garage bauten wir eine kleine Werkstatt auf, in der ich Jugendlichen das Schrauben und Schweißen beibrachte. Mit Geldern der Bundesregierung und des Landes Bremen starteten wir eines der ersten Schul-Projekte für Sinti und Roma in Deutschland. Unsere Kinder haben es in der Schule schwerer, weil die Eltern zuhause Romanes sprechen und oft nicht lesen und schreiben können. In dem Projekt arbeiten bis heute Schulen, Familien und Fachkräfte zusammen daran, die Chancen der Kinder zu verbessern. Ein weiterer Schwerpunkt war natürlich von Beginn an die Sozialberatung, besonders in Entschädigungsfällen. Glücklicherweise stand uns Rechtsanwalt Leschmann, der ebenfalls bis heute im Vorstand ist, schon früh mit seinem juristischen Wissen bei. Es gelang uns in mehreren Fällen, Sintifamilien zu späten Haftentschädigungen zu verhelfen. Roma gab es bis Anfang der 1990er Jahre fast gar nicht in Bremen. Seit 1989 bin ich selbst Mitglied im Beirat des Landesamtes für Wiedergutmachung, in dem über die einzelnen Fälle entschieden wird.

1982 wurde unter dem Vorsitz von Romani Rose der Zentralrat der Deutschen Sinti und Roma in Heidelberg gegründet, in dem alle Landesverbände zusammengeschlossen sind. Damit hatten wir endlich wie die Juden in Deutschland auch eine zentrale Interessenvertretung gegenüber der Bundesregierung. Von Beginn an gehöre ich auch dem Vorstand des Zentralrates an. Dessen erste Aktionen zielten auf die politische Anerkennung des Völkermordes an den Sinti und Roma. Die Bundesregierung sollte endlich klarstellen, daß Roma und Sinti nicht aufgrund irgendwelcher Verfehlungen oder Auffälligkeiten in den Konzentrationslager gelandet waren, sondern daß es sich wie bei den Juden um einen Völkermord handelte. Dieses Ziel wurde 1982 erreicht, als Bundeskanzler Helmut Schmidt für die Bundesregierung erklärte: „Den Sinti und Roma ist durch die NS-Diktatur schweres Unrecht zugefügt worden. Sie wurden aus rassischen Gründen verfolgt. Diese Verbrechen sind als Völkermord anzusehen." Wenig später saßen wir mit einer Delegation bei Helmut Kohl, ein zäher

Brocken, aber schließlich bestätigte auch er 1985 die Anerkennung in einer Regierungserklärung. Das war für uns sehr wichtig.

Auf Anraten des Zentralrats kandidierte ich in Bremen zum 1. Vorsitzenden. Unterstützung erhielt ich inzwischen von einem hauptamtlichen Mitarbeiter und Sozialpädagogen, den die Sozialbehörde bezahlte.

Ende der 1980er Jahre rückten wir durch einen Tatort-Krimi in den Blickpunkt der Öffentlichkeit. Die NDR-Produktion „Armer Nanosh", für die Martin Walser das Drehbuch geschrieben hatte und in der Manfred Krug auf Täterjagd ging, zeigte Szenen aus dem Leben der Sinti. Der Film strotzte nur so von Klischees über unsere Volksgruppe bis hin zur geheimen Luke im Boden des Wohnwagens als Versteck für den verdächtigen Sinto. Der Zentralrat hat sofort beim NDR öffentlich dagegen protestiert. Ein Team von „buten und binnen" kam zu mir und suchte in meinem Wohnwagen nach der geheimen Luke, die es natürlich nicht gab.

Einige Gadsche verließen den Verein bald wieder. Solch eine Arbeit muß man mit Idealismus machen. Ich habe in der Zeit jede Bahnfahrt selbst bezahlt und mich manchmal geärgert, wenn ich sah, wer sich welche Reise aus welchem Topf finanzieren ließ.

Mitte der 1980er Jahre erfuhr ich zufällig, daß einer unserer Vereinsgründer in Bremerhaven einen Sinti-Verein ins Leben rufen wollte. An sich keine schlechte Idee, denn bis dahin kamen die Bremerhavener immer nach Bremen zur Beratung, aber wieder war keiner von uns Sinti beteiligt. Das gleiche Spiel wie schon ein paar Jahre zuvor. „Wir werden hier den Verein gründen", sagte ich. Herr Grünholz hat den ersten Vorsitzenden gemacht und ich den zweiten. Bald darauf gründeten wir als gemeinsames Dach für beide Vereine den Landesverband deutscher Sinti und Roma im Lande Bremen.

Anfang der 1990er Jahre kehrte ich an meine alte Wirkungsstätte zurück, wo Detlef Marzi inzwischen als Geschäftsführer tätig geworden war. Mit ihm zusammen verstärkte ich in den nächsten Jahren vor allem die Öffentlichkeitsarbeit. Wir überzeugten den damaligen Bremer Bürgermeister Klaus Wedemeier, den 16. Dezember zum Gedenktag für den Völkermord an den Sinti und Roma zu machen. Zur Erinnerung: am 16. Dezember 1942 war mit dem sogenannten „Auschwitz-Erlaß"

Himmlers die Endphase des Völkermordes eingeleitet worden. Mit Wedemeier zusammen warben wir bei verschiedenen Veranstaltungen und Politikern in Bonn dafür, den Gedenktag auch auf nationaler Ebene durchzusetzen. Bald kannten mich die Wachen im Bundeskanzleramt persönlich. Auf unsere Initiative hin wird nun der Gedenktag jedes Jahr im Reichstag begangen.

In dieser Zeit stellten wir mit einem Historiker viele Nachforschungen über das Schicksal der Sinti und Roma in Bremen und Bremerhaven an. Wir fanden heraus, daß die Deportationen Anfang März 1943, also die Realisierung des Himmler-Erlasses, in Bremen vom ehemaligen Schlachthof auf der Bürgerweide ausgegangen sind. Seit 1995 erinnert eine Gedenktafel auf dem heutigen Gelände des Kulturzentrums Schlachthof an den Völkermord. Dafür haben Detlef Marzi und ich uns stark gemacht. Zu diesem Zeitpunkt war die Gedenkstättenarbeit schon seit einigen Jahren mein Hauptanliegen.

Als der Tagesschausprecher am 9. November 1989 die Maueröffnung meldete, war mein erster Gedanke: ich fahre nach Dora. Oft war ich in meinen Träumen in den höllischen Stollen zurückversetzt worden. Immer wieder hatte ich Verwandten, Freunden und Schülern von der Sklavenarbeit im Kohnstein erzählt und war meist auf ungläubige Augen und Ohren gestoßen. Das Konzentrationslager Mittelbau-Dora kannte hierzulande kaum jemand, Wernher von Braun galt als angesehener Pionier der Raketenforschung. Das würde sich ändern, hoffte ich, wenn alle es mit eigenen Augen betrachtet haben. Ich beschloß, mich dem Schrecken erneut auszusetzen, und wollte unbedingt wissen, wie es inzwischen aussah und nahm Rosita und Romano gleich mit.

Der DDR-Zöllner stempelte unsere Ausweise und fragte: „Wann kommen Sie zurück?“ – „Wenn wir zurückkommen, stehen Sie nicht mehr hier“, antwortete ich. Auf Landstraßen bewegten wir uns in Richtung Nordhausen. Die bundesdeutsche Seite des Harzes kannte ich wie meine Westentasche, aber hier brauchte ich lange, um den Kohnstein zu finden. Hinweisschilder gab es nicht. Auf dem Plateau im ehemaligen Lager Dora angekommen, erkannte ich zunächst nichts wieder. Von den Baracken und anderen Lagergebäuden standen nur noch die Fundamente, die Tunneleingänge waren zugesprengt. Im ehemaligen SS-Lager sprangen Hunde über Brettermauern –

offensichtlich ein Hundeübungsplatz. Kaum zu glauben, daß wir uns auf einer Gedenkstätte befanden. Und doch entdecken wir auf dem ehemaligen Appellplatz eine Gedenktafel; in der einzig erhaltenen Baracke erinnerte ein kleines Museum an die Vorgeschichte des Ortes. Wir sprachen mit dem Leiter der Gedenkstätte, und ich fragte: „Können Sie mir sagen, wie viele Sinti im Lager waren?“ Er schaute in seinem Verzeichnis nach und antwortete: „Ja, hier steht ein Laubinger.“ Nach meinen Erinnerungen waren hier jedoch mindestens 3000 Sinti und Roma gewesen. Ich wunderte mich nicht mehr, daß auf der Gedenktafel die Sinti und Roma nicht genannt waren.

In der DDR wurde die KZ-Gedenkstätte Buchenwald als Aushängeschild immer bevorzugt behandelt. Darüber gerieten die kleineren Lager wie Mittelbau-Dora in Vergessenheit. Bei einer gründlichen Aufarbeitung hätten die DDR-Verantwortlichen auch zugeben müssen, daß nicht nur die USA, sondern auch die Sowjetunion die hier beschäftigten Raketenforscher nach dem Krieg für ihre eigenen Raumfahrtprogramme einsetzten. Der Bruderstaat konnte allerdings nicht so viel zahlen wie die USA und mußte sich mit Wissenschaftlern aus der zweiten Reihe begnügen.

Auf der Rückfahrt dachte ich nur: „Hier muß einiges geschehen.“ Seitdem ist auf Initiative der Opfergruppen mit Unterstützung des Bundes und des Landes Thüringen eine würdevolle und informative Gedenkstätte entstanden. Die Außenanlagen sind wieder kenntlich gemacht und ein Teil des Stollensystems wieder freigelegt worden. Mit dem Zentralrat haben wir eine Gedenkplatte für die hier ermordeten Sinti und Roma in den Boden gesetzt. Im Jahre 2005 wird auf dem Gelände ein neues, architektonisch eindrucksvolles Museum eröffnet.

Ich bin der Vergangenheit nie aus dem Weg gegangen. Aber als ich 1995 als einer der ersten mit Ignatz Bubis den freigelegten Hauptstollen betrat, wurde mir ganz anders. Hier und da ragten aus dem Boden des endlosen, dunklen Steingewölbes noch alte Raketenwrackteile heraus. Ich fühlte das Gewicht des Bohrhammers auf der Schulter, die Stille betäubte meine Ohren. Jeden Moment rechnete ich mit einer Sprengung, vor der ich mich in Sicherheit bringen mußte. Als der Alp langsam wich, dachte ich an die Worte des neuen Bergwerkbesitzers vorm Betreten des Tunnels: „Aus versicherungstechnischen

Gründen muß ich Sie darauf hinweisen, daß das Betreten des Stollens auf eigene Gefahr erfolgt." Sie sind immer noch gründlich, die Deutschen.

1993 berief mich Ministerpräsident Bernhard Vogel als Vertreter der Sinti und Roma in den Beirat der Gedenkstätte Mittelbau-Dora. Seitdem fahre ich regelmäßig zu den Beiratssitzungen. Wenn ich kann, folge ich auch gerne den Einladungen des Thüringer Landtages zum Gedenken an die Opfer des Nationalsozialismus am Tag der Auschwitz-Befreiung vom 27. Januar, die abwechselnd in Mittelbau-Dora und Buchenwald stattfinden. Nächtelang sitze ich dann mit Willi Frohwein, Albert van Dijk und den wenigen anderen Überlebenden zusammen. Wir helfen uns gegenseitig beim Erinnern, das hört nie auf. Wir freuen uns über jeden, der noch da ist, und trauern um jene, die nicht mehr kommen. Jedes Jahr werden es mehr.

Es gab aber auch Konflikte in dieser Zeit. Erinnerungen zu vergegenwärtigen, ist nicht nur Trauer, sondern auch Politik. Bei einer Veranstaltung in der alten Kommandantur in Buchenwald sagte ein Historiker zu unserer Forderung nach einer nationalen Gedenkstätte für die Sinti und Roma: „Dann kriegen irgendwann auch die Wale ihr Denkmal." Ich wäre ihm fast an die Gurgel gegangen, und wir Überlebenden riefen den Mann zur Ordnung. Trotzdem war ich verletzt und blieb eine Zeit lang weg. Um so mehr freute es mich, als der Landtagspräsident Pietsch mich später bat, die offizielle Rede zum Gedenktag am 27. Januar 1999 in Dora zu halten. In Bremen holte ich mir Unterstützung bei meinen Freunden Helmut Hafner und Karl Fruchtmann. Helmut Hafner ist Mitarbeiter des Bürgermeisters, und der 2003 verstorbene Karl Fruchtmann war ein bedeutender jüdischer Filmregisseur. Fast eine halbe Stunde habe ich geredet, und alle erwähnt: die Juden, Homosexuellen, Politischen und Zeugen Jehovas (Rede im Anhang). Ministerpräsident Vogel hat sich persönlich bedankt.

Das Holocaust-Denkmal für die im nationalsozialistisch besetzten Europa ermordeten Sinti und Roma wird nach jahrelangem Kampf des Zentralrates demnächst zwischen dem Reichstag und Brandenburger Tor aufgestellt werden. Lange Zeit akzeptierte Staatsministerin Christina Weiss für die Bundesregierung nicht die vom Zentralrat gewünschte Inschrift und wollte zur Entscheidungsfindung ein Historiker-Gremium einsetzen. Diese Zumutung konnte der Zentralrat glücklicherweise zurückweisen. Jetzt wird die Inschrift, wie von uns gefordert, ein Zitat aus der historisch wichtigen Rede des früheren Bundespräsidenten Herzog vom 16. März 1997 sein: „Der Völkermord an den Sinti und Roma ist aus dem gleichen Motiv des Rassenwahns, mit dem gleichen Vorsatz und dem gleichen Willen zur planmäßigen und endgültigen Vernichtung durchgeführt worden wie der an den Juden. Sie wurden im gesamten Einflußbereich der Nationalsozialisten systematisch und familienweise vom Kleinkind bis zum Greis ermordet."

Nach wie vor gehe ich fast täglich in unser Büro, in dem seit ein paar Jahren mein Sohn Romano die Stelle des Geschäftsführers innehat. Es war immer meine größte Sorge, wer die Arbeit weitermachen soll, wenn ich einmal nicht mehr bin. Uns Zeitzeugen kann keiner ersetzen, aber die politische Interessensvertretung muß von den Jungen fortgeführt werden. Aber es ist nicht leicht. Die sozialen Problemen und der Anti-Ziganismus nehmen wieder zu. Auch die Entschädigungspolitik ist weiterhin unwürdig und beschämend. Erst wurden die Sinti und Roma an den Verhandlungen zur Zwangsarbeiterentschädigung gar nicht beteiligt. Und jetzt erfolgen die Bewilligungen und Zahlungen wieder so zögerlich, daß viele Berechtigte sterben, bevor sie das erste Mal in ihrem Leben ein paar Euro für ihre Leiden erhalten.

Ein weiteres Problem sind die Übergriffe gegen Roma im ehemaligen Jugoslawien und anderen osteuropäischen Staaten. Besonders aus dem Kosovo kommen zahlreiche Roma-Flüchtlinge, die auf unseren Schutz angewiesen sind. Dafür nehmen sie unsere Beratungsstelle in Anspruch, und wir tun, was wir können.

Die große Rache, die ich mir im KZ schwor, habe ich nicht genommen. Ich hoffe aber, in den letzten 60 Jahren zumindest einige Täter mit meinen Worten getroffen und aufgerüttelt zu haben, ebenso wie einige der Würdenträger der Bundesrepublik Deutschland, die für das andauernde Unrecht an den Sinti und Roma verantwortlich sind. Sie dürfen gewiß sein: so lange ich lebe, werde ich mich für unsere Minderheit einsetzen.

„Mir war," schreibt Primo Levi nach seiner Haft im Konzentrationslager Auschwitz, „als müsse jeder uns Fragen stellen, und an den Gesichtern ablesen, wer wir waren, demütig unseren Bericht anhören. Aber niemand sah uns in die Augen, niemand nahm die Herausforderung an: Sie waren taub, blind und stumm, eingeschlossen in ihre Ruinen wie in eine Festung gewollter Unwissenheit, noch immer stark, noch immer fähig zu hassen und zu verachten, noch immer Gefangene der alten Fesseln aus Überheblichkeit und Schuld.“[25] So haben wohl die meisten Überlebenden nach dem Krieg ihre Mitmenschen erlebt und lange darunter gelitten.

Wenn es meine Kraft zuläßt, gehe ich in Schulen oder begleite Jugendgruppen nach Dora. Sobald ich von meinen Erlebnissen erzähle, sperren die jungen Leute ihre Ohren und Augen ganz weit auf und wollen alles genau wissen. Ich selbst spüre, wie sehr ich das Sprechen über mein Leben brauche. Es ist zu meiner Aufgabe und zu meinem Auftrag geworden, nicht nur weil die anderen es nicht mehr können oder nie konnten. Es gibt mir das Gefühl, meine Mutter und meine Geschwister in der Nacht vom 2. auf den 3. August 1944 nicht umsonst allein gelassen zu haben. Die offenen Blicke der Jugendlichen tun mir gut. Ich hoffe, sie bewahren diese Haltung, wenn sie erwachsen sind und fallen dem Rad der Geschichte in die Speichen, wenn es wieder einmal darum gehen sollte, sich und andere vor Überheblichkeit und Schuld zu schützen.

Danksagung

Für finanzielle Unterstützung danke ich dem Senator für Arbeit, Frauen, Gesundheit, Jugend und Soziales sowie dem Senator für Bildung und Wissenschaft der Freien Hansestadt Bremen, der Waldemar Koch Stiftung, der Sparkasse in Bremen, der Bremischen Evangelischen Kirche und dem Katholischen Gemeindeverband Bremen. Ebenso waren das Staatliche Museum Auschwitz-Birkenau, die KZ-Gedenkstätte Mittelbau-Dora sowie das Dokumentations- und Kulturzentrum Deutscher Sinti und Roma hilfreich, auf deren Publikationen ich mich bei der Darstellung des historischen Hintergrundes des Völkermordes gestützt habe. Meinen ehemaligen Mithäftlingen, insbesondere Willi Frohwein und Albert van Dijk, danke ich für die Hilfe beim Erinnern.

Ewald Hanstein

Anmerkungen

1 „Ich habe Angst, Auschwitz könnte nur schlafen" lautet der Titel einer von Ceija Stojka erarbeiteten Ausstellung mit Bildern, die u.a. 2003 in der Gedenkstätte Bergen-Belsen gezeigt wurde; vgl. auch Ceija Stojka, Wir leben im Verborgenen, Wien 1988

2 Otto Rosenberg, Das Brennglas, Frankfurt am Main 1998, S. 24

3 Zeitschrift des Deutschen Ärztebundes, 1938. Zitiert nach Romani Rose (Hrsg.), „Den Rauch hatten wir täglich vor Augen", Heidelberg 1999, S. 27

4 Reimar Gilsenbach, Oh Django, sing deinen Zorn, Berlin 1993, S. 148 ff.

5 Zitat nach einem Interview mit Willi Frohwein, geführt von Ralf Lorenzen in Nordhausen, 2004; vgl. auch Willi Frohwein, Von Spandau nach Auschwitz, Berlin 2002, S. 53

6 Zitiert nach Renata Laqueur, Schreiben im KZ – Tagebücher 1940-1945. Bearbeitet von Martina Dreichsbach und mit einem Geleitwort von Rolf Wernstedt, Bremen 1992, S. 87. Hieraus auch die folgenden Zitate, die dem Kapitel „Zeit und Monotonie" entnommen sind.

7 Romani Rose (Hrsg.), „Den Rauch hatten wir täglich vor Augen", Heidelberg 1999, S. 225

8 Vgl. Hans Hesse, Augen aus Auschwitz – Ein Lehrstück über nationalsozialistischen Rassenwahn und medizinische Forschung, Essen 2001

9 R. Rose (Hrsg.), „Den Rauch hatten wir täglich vor Augen", S. 325

10 Otto Rosenberg, Das Brennglas, S. 78 f.

11 Romani Rose (Hrsg.), Der nationalsozialistische Völkermord an den Sinti und Roma, Heidelberg 2003, S. 297

12 Ebd., S. 294

13 Jens-Christian Wagner, Das KZ Mittelbau-Dora, Göttingen 2001, S. 21 f.

14 Zitat nach einem Interview mit Albert van Dijk, geführt von Ralf Lorenzen in Nordhausen, 2004

15 Jens-Christian Wagner, Das KZ Mittelbau-Dora, S. 39

16 Ebd., S. 61

17 Reimar Gilsenbach, unveröffentlichtes Rede-Manuskript; vgl. auch Reimar Gilsenbach in: Waclaw Dlugoborski (Hrsg.), Sinti und Roma im KL Auschwitz-Birkenau, Oswiecim 1998, S. 90 ff. sowie Reimar Gilsenbach, Oh Django, sing deinen Zorn, S. 276 ff.

18 Hans Hesse/Jens Schreiber, Vom Schlachthof nach Auschwitz, Marburg 1999, S. 109

19 Ebd., S. 110

20 Ebd., S. 110 f.

21 Vgl. Anne von Törne in: Waclaw Dlugoborski (Hrsg.), Sinti und Roma im KL Auschwitz-Birkenau, S. 378

22 Vgl. Hans Hesse/Jens Schreiber, Vom Schlachthof nach Auschwitz, S. 113 ff. und S. 125

23 Ebd., S. 125

24 Zitiert nach Susanne Willems in: Waclaw Dlugoborski (Hrsg.), Sinti und Roma im KL Auschwitz-Birkenau, S. 366

Bildnachweis

Archiv des Bremer Sinti-Vereins e.V.: S. 100, 102 oben und unten links, 103, 112, 113 oben, 115 unten

Donat Verlag, Bremen: S. 101 oben rechts, 102 unten rechts, 110 oben

Ewald Hanstein, Bremen: S. 97, 98 oben, 99, 101 oben links, 108, 109, 110 unten, 111, 113 unten, 114, 115 oben, 116, 117 oben, 118 oben, 119 unten

Gedenkstätte Buchenwald: S. 104, 105

Gedenkstätte Mittelbau-Dora: S. 106, 107 oben

Kulturzentrum Schlachthof (Matthias Otterstedt): S. 120

Ralf Lorenzen, Hamburg: S. 98 unten, 101 unten, 107 unten, 117 unten, 118 unten, 119 oben

Allen Leihgebern danken wir für Ihre Hilfe und freundliche Unterstützung.

Rede von Ewald Hanstein

vom 27. Januar 1999 in der KZ-Gedenkstätte Mittelbau-Dora anläßlich des Jahrestages der Befreiung des Konzentrationslagers Auschwitz

Heute, am 27. Januar 1999, wird zum vierten Mal öffentlich der Opfer des Nationalsozialismus gedacht. Wir erinnern uns an die Menschen, die von den deutschen Nationalsozialisten aus sogenannten rassischen und politischen Gründen als Minderwertige verfolgt und ermordet wurden.

Mein Name ist Ewald Hanstein, ich bin 74 Jahre alt und habe drei Konzentrationslager überlebt. Ich bin der Landesvorsitzende der deutschen Sinti und Roma im Lande Bremen. Ich möchte mich bedanken, daß ich diese Gedenkrede halten darf. Noch vor wenigen Jahren wurden Sinti und Roma als Opfer des Nationalsozialismus ignoriert. Der Holocaust ist bei den Sinti und Roma in Europa Teil ihres Bewußtseins geworden und prägt ihre Identität auf nachhaltigste Weise. Das Trauma der Verfolgung ist nicht beschränkt auf die Überlebenden, es überträgt sich auch auf unsere nachfolgende Generation.

Sinti und Roma leben seit über 600 Jahren in Deutschland, sind deutsche Staatsbürger und sind in vielen Städten seit Generationen ansässig. Wenn ich heute hier spreche, so kann ich als Überlebender der Vernichtungslager nicht davon absehen, was das Dritte Reich für uns Sinti und Roma, für die Juden, aber auch für andere zu „Nichtlebenswerten" erklärten, bedeutet. Karl Fruchtmann, ein Jude und Filmemacher, sagte in seinem Buch „Zeugen. Aussagen zu einem Mord an einem Volk": „Wenn die toten Juden aufständen, und jeder sagte bloß seinen Namen und seine Herkunft, würden zwei Jahre vergehen. Wenn jeder Jude noch meldete, wie er ermordet worden ist – erschossen, erschlagen, erwürgt, vergast, verbrannt – wären vielleicht vier Jahre vergangen. Und wenn sie, angetreten zum Zählappell wie im Lager, abzählten, noch ein Jahr.

Viele sagen: sechs Millionen, das ist Statistik. Aber die Zahl wird Fleisch und Blut, wenn die Überlebenden aufzählen, wer in ihren Familien ermordet worden ist. Hinter jedem Zeugen stehen gedrängt die Toten, die Statistik wird lebendig. Vielleicht ist es falsch, von sechs Millionen Ermordeten zu sprechen. Wir sollten sagen: sechs Millionen mal ist ein Mensch ermordet worden." Das gleiche Schicksal wie die Juden haben 500 000 Sinti und Roma erlitten.

Vor 57 Jahren, am 16.12.1942, erließ Himmler den Erlaß, der die Ausrottung der Sinti und Roma befahl. Als unsere Menschen deportiert und in die ordnungsgemäß bereit gestellten Waggons der Reichsbahn gepfercht wurden, waren sie allein. In Deutschland erhob sich keine Stimme des öffentlichen Protests. Diese Erinnerungen sind für die Überlebenden bis heute gegenwärtig. Sie, die Opfer, leiden bis heute unter ihren Erinnerungen, für sie gibt es kein Vergessen und keine Erlösung.

Auschwitz hat nicht nur Körper getötet, sondern auch Seelen. Auschwitz war das Reich der Lüge, der Bosheit und des Mordens. Auschwitz ist ein Sklavenumschlagplatz, ein hochmoderner und effizienter Industriekomlpex gewesen, der Leichen produzierte und zu Asche verarbeitete, ein Schlachthaus, in dem gequält, gefoltert und gemordet wurde. Auschwitz steht für den Tod der Menschlichkeit, den Tod der Hoffnung, den Tod des Vertrauens, für viele für den Tod Gottes. Nie zuvor in der Menschheitsgeschichte hat ein Staat mit all seinen Möglichkeiten, mit seinen Organisationen, seiner Bürokratie, seinen unzähligen Gliederungen den Versuch unternommen, Millionen von Menschen auszurotten. Der Völkermord an den Juden, der Mord an Polen und Russen, an Sinti und Roma, an Homosexuellen, an Zeugen Jehovas, an Kriegsgefangenen, an Behinderten, an Antifaschisten, an Humanisten und Christen, die sich der Mordmaschinerie in den Weg stellten, ist einzigartig und einmalig in der Geschichte der Menschheit.

Der Tod, dieser „Meister aus Deutschland“, regierte auf den Schlachtfeldern, in den zerbombten Landschaften und Städten, und er arbeitete in riesigen Menschenvernichtungsanlagen, deren größte Auschwitz war. Das Morden durch Gas geschah vor allem in Auschwitz-Birkenau. Tag und Nacht kamen Güterzüge in Birkenau an. Die Menschen wurden aus den Waggons getrieben, mußten alles zurücklassen und zwei Reihen bilden, auf der einen Seite Männer, auf der anderen Frauen und Kinder. Dann begann die Selektion: Der Wink nach rechts bedeutete vorläufiges Überleben, der nach links Tod durch Gas. Die zum Tod Bestimmten wurden noch am gleichen Tage vergast und in den Krematorien verbrannt. Denen, die noch leben durften, wurde alles weggenommen, auf den linken Arm wurde ihnen eine Nummer eintätowiert.

Einer dieser Häftlinge war ich, ich habe Auschwitz überlebt, im Unterschied zu meiner Mutter und meinen sechs Geschwistern. Die Befreiung von Auschwitz hat die am Leben Gebliebenen davor bewahrt, ermordet zu werden, zu verhungern oder zu erfrieren. Doch von unseren Erfahrungen und Träumen kann uns niemand befreien. Diese sind in unseren Erinnerungen und Träumen brennende Gegenwart, unauslöschlich wie die eintätowierte Nummer auf dem Arm.

Ich zitiere nochmals Karl Fruchtmann: „Die Mörder schlafen gut. Aber die ihnen entkommen sind, wachen in den Nächten auf und schreien, und nur die neben ihnen hören sie, nachts laufen sie und schreien und rufen 'Hilfe!' und wachen auf, die neben ihnen wischen den Schweiß ab und sagen beschwichtigend, wie man zu Kindern spricht: 'Sei ruhig, Du hast bloß geträumt, es ist schon gut.'
Die Opfer sind gezeichnet. Sie haben jahrelang geschwiegen, weil sie keiner hören wollte. Sie glauben auch, sie schleppten den Tod mit sich wie eine Krankheit und wollten niemand anstecken. Sie haben, aus Schußwunden blutend, tage- und nächtelang tief unter Leichen gelegen, unter Körpern fast erstickt, im Blut fast ertrunken. Sie haben Tausende in die Gaskammer hineingehen sehen. – Eine halbe Stunde später haben sie geholfen, sie herauszuziehen und zu sortieren: ein Mann, eine Frau, ein Kind, so brennen sie am besten, und in die Öfen schieben. Sie haben sich in Kolonnen zu Zehntausenden nach Deutschland geschleppt. Die Bevölkerung hat durch sie hindurchgesehen, so dünn sind sie gewesen. Im verschneiten Land war kilometerweit kein Schnee, sie hatten ihn gegessen. Nur fleckenweise war noch etwas übrig, das war vom Blut der Erschossenen rot."

Auch wir, die Angehörigen des Volkes sind nach der Befreiung von Auschwitz nicht von Auschwitz befreit. Unsere Verantwortung lebt und wird weiter leben. In Deutschland wird immer gefragt: „Wieviel Erinnerung braucht unser Land?" Wir sollten besser fragen: Welche Erinnerung braucht unser Land? Wir brauchen keine Erinnerung, die zum toten Ritual geworden ist. Wir brauchen keine Erinnerung, die die Konfrontation mit den Opfern und Tätern scheut, die das Gewissen entlastet. Wir brauchen eine Erinnerung, die mitfährt in den Viehwaggons, die an der Rampe steht, die die Gesichter sieht und die Schreie hört. Wir brauchen eine Erinnerung, die Auschwitz in unser Gewissen einbrennt. Das Erinnern ist zuerst ein moralisches Gebot gegenüber den Ermordeten und ihren Angehörigen, gegenüber den Überlebenden. Das Erinnern appelliert an unsere Verantwortung. Es schärft unser moralisches Empfinden und unsere demokratische Wachsamkeit.

Die Botschaft der Ermordeten und Überlebenden an uns ist grundlegend für unser Weiterleben. Sie heißt: Was geschehen ist, kann wieder geschehen! Weil diese Menschenfeindlichkeit niemand vorausgesehen hat, weil sie sich gegen jede Vorhersage ereignet hat, ist die Erfahrung von Auschwitz grundlegend für unsere Gegenwart und Zukunft. Es ist geschehen und deshalb kann es wieder geschehen.

Auch in Buchenwald und Dora wurden Häftlinge unter schwerster Arbeit vernichtet, da hieß es Vernichtung durch Arbeit. Tausende unserer Kameraden sind nicht wiedergekommen.

Wir müssen Rassismus, Antisemitismus, Antiziganismus und Fremdenfeindlichkeit bekämpfen, wo sie ihre ekelhafte Fratze zeigen. Wir müssen nein sagen, wo verächtlich über andere geredet wird! Wir müssen nein sagen, wo Gewalt propagiert oder verniedlicht wird! Wir müssen nein sagen, wo Egoismus und Konsum als höchste Lebensziele gepriesen werden! „Die Würde des Menschen ist unantastbar!“ – dieses Gebot unseres Grundgesetzes, aus der Erfahrung von Auschwitz aufgeschrieben, bleibt die entscheidende Richtschnur für unser gesellschaftliches Leben, für eine demokratische und humane Zukunft.

Ich schließe mit einem Gebet, das der letzte Rabbiner der polnischen Stadt Lwow, Dr. David Cahene, jeden Tag in Auschwitz gebetet hat: „Wir beten für eine bessere und gerechtere Zukunft für alle Menschen. Das die Bosheit weggefegt werde, so wie der Rauch weggefegt wird vom Wind. Das die Herrschaft der Willkür und der Gewalt verschwinde von der Erde, unter allen Menschen. Damit Liebe und Gerechtigkeit erstarken, und die Völker sich nicht mehr zerfleischen in mörderischen Kriegen.“

Nachwort

Ich hatte Ewald Hanstein sieben Jahre lang nicht gesehen. Da saß er nun in seiner Strickweste, rauchte und bot mir gleich Kaffee an. „Ralf, wie geht's Dir?“ – „Gut. Und Dir?“ „Ach, ich kann nicht klagen, nur die Augen lassen immer mehr nach.“ Wie immer vergaß ich den eigentlichen Anlaß des Besuches bald. Keiner drängte darauf, zum Thema zu kommen. Immer mehr Besucher schneiten herein, Männer, Frauen, mit und ohne Kinder, und wollten zum Beispiel wissen, wann denn endlich die Entschädigungen an Zwangsarbeiter ausgezahlt würden. „Moment mal, ich muß beim Zentralrat anrufen.“ Ewald holte die Lupe hervor und wählte eine Nummer. Gelegenheit zurückzublicken.

Als ich im Kulturzentrum Schlachthof Veranstaltungen organisierte, kam 1995 der Sinti-Verein auf uns zu und wollte eine Gedenktafel anbringen. Niemandem von uns war bis dahin bewußt gewesen, daß die Bremer Sinti und Roma vom 8. bis 10. März 1943 am Schlachthof gesammelt worden waren, um sie von dort aus nach Auschwitz-Birkenau zu deportieren. Schnell war klar, daß eine Gedenktafel allein dem Anlaß nicht gerecht werden würde, und so planten wir mit dem Sinti-Verein eine gemeinsame Veranstaltungsreihe. Das abschließende Konzert mit Sinti-Swing war gerade beendet, als einige Roma-Musiker aus dem Publikum darum baten, ebenfalls aufzutreten. Dafür brauchten sie ein Keyboard. Die Bühnentechniker wollten die Tonanlage schon abbauen, aber der damals schon 71jährige Ewald Hanstein war bereits unterwegs, um aus seiner 20 Kilometer entfernten Wohnung ein Keyboard zu holen. Um kurz vor Zwölf war er zurück, das Zusatzkonzert konnte über die Bühne gehen – kein Zuschauer war gegangen.

Danach ging der Kontakt wieder verloren. Aber ein Gedanke ließ mich nicht los: Ewalds Lebensgeschichte muß aufgeschrieben werden! Doch so oft ich auch den Telefonhörer in der Hand hielt – es überwog die Angst, eine Anmaßung auszusprechen. Wollte sich denn der bald 80jährige Mann noch einmal an das entsetzliche Leid erinnern lassen, das er und seine Familie durchgemacht hatten? Noch dazu von einem

Gadscho, einem Nicht-Sinto. Um so mehr freute ich mich, als ich Anfang 2003 von einer erneuten Gedenkveranstaltung im Kulturzentrum Schlachthof zum sechzigsten Jahrestag der Deportation hörte. Als der NDR-Hörfunk mich mit einem Bericht beauftragte, war es mir endlich wieder möglich, mich bei Ewald Hanstein zu melden.

Nach einer Stunde hatte ich noch immer nicht mein Mikro ausgepackt. Ewald Hanstein legte den Hörer auf. „Noch einen Kaffee?" – „Gern. Aber ich glaube, wir müssen langsam anfangen". Also wieder diese Fragen. Diese Antworten. „Als ich in Auschwitz ankam, lebten nur noch drei Geschwister und meine Mutter." „Als ich in Buchenwald ankam, hörte ich, daß alle vergast worden waren." „20 Jahre lang habe ich für eine Entschädigung von 530 Mark gekämpft." Immer wieder schweifen die Gedanken auch ab, an die Kindheit in Breslau, die Jugend in Berlin. Und ich habe die Schere im Kopf, denke an die Vorgabe von dreieinhalb Minuten.

„Bürgermeister Scherf hat gesagt, ich müßte ein Buch schreiben. Aber das kann ich nicht mehr. Meine Augen..."

Nach dem Interview holt Ewald die alte Gitarre aus dem Schrank und singt: „Bei mir bis du schön." Ich nehme meinen Mut zusammen und sage: „Ich möchte dieses Buch mit Dir schreiben."

Kurz darauf stellte sich heraus, daß Helmut Donat ebenfalls mit der Idee schwanger ging, die Lebensgeschichte Ewald Hansteins in seinem Verlag herauszubringen, und wir taten uns zusammen. In mehreren Etappen habe ich seitdem Ewald Hanstein zu den wichtigsten Stationen seines Lebens begleitet, nach Breslau, Auschwitz und Mittelbau-Dora. Die Reisen mit dem wachen und neugierigen Achtzigjährigem waren ein unvergeßliches Erlebnis. Wir saßen in keiner Hotelhalle, keinem IC-Abteil, konnten keinen Marktplatz und kein Restaurant betreten, ohne daß Ewald Hanstein binnen kurzem in Gespräche mit fremden Menschen verwickelt war, mit Reisenden, Straßenhändlern, Kellnern oder einfachen Passanten. Besonders in Polen faszinierte mich, wie er mit ein paar Brocken polnisch und russisch alles von den Leuten erfuhr, was er wollte, den richtigen Weg, die Geschichte des Ortes oder die augenblicklichen Lebensbedingungen.

Zwei Ereignisse sind mir besonders in Erinnerung geblieben. In einem Breslauer Hotel kam Ewald Hanstein beim Frühstück sofort mit einer feinen, älteren Dame aus Deutschland ins Gespräch, die ihrem Sohn ihre Heimatstadt zeigte. Als Ewald Hanstein anmerkte, daß er aus seiner Heimatstadt Breslau flüchten mußte, antwortete die Dame beiläufig: „Aber das mußten wir doch alle." Der Frau kam nicht im Entferntesten in den Sinn, daß der Mann, der vor ihr saß, vor den Deutschen aus Breslau geflohen sein könnte. Ewald Hanstein verabschiedete sich höflich. – In Auschwitz-Birkenau sah eine Jugendgruppe, daß ich Ewald interviewte und gesellte sich dazu. Der polnische Museumsführer versuchte vergeblich, die Gruppe zum Weitergehen zu bewegen; die Schüler hingen meinem Gesprächspartner an den Lippen, seine Erzählung vermittelte ihnen eine nie zuvor gekannte Anschauung von dem, was in Auschwitz geschehen ist.

Ich kenne niemanden, der so viel Schrecken durchleben mußte wie dieser Mann, der mir mit seinem Mut, seiner Heiterkeit und Offenheit zum Vorbild geworden ist. Auch dafür danke ich Ewald Hanstein.

Ralf Lorenzen